DOCTRINA ACADÉMICA INSTITUCIONAL
Instrumento de reinstitucionalización democrática

*Academia de Ciencias Políticas y Sociales*

# DOCTRINA ACADÉMICA INSTITUCIONAL

## Instrumento de reinstitucionalización democrática

**PRONUNCIAMIENTOS**
**2019-2025**

**TOMO III**

**ÍNDICES CRONOLÓGICO, TEMÁTICO Y ANALÍTICO**

**HUMBERTO ROMERO-MUCI**
**EDITOR - COMPILADOR**

**Caracas, 2025**

ISBN: 979-8-89692-524-8

Academia de Ciencias Políticas y Sociales. Avenida Universidad,
Bolsa a San Francisco. Palacio de las Academias
Caracas 1010-Venezuela
Teléfonos (058) (02) 483-2674/482-8634
Fax (058) (02) 482-8845, 481-6035
www.acienpol.org.ve - academiadecienciaspoliticas@gmail.com

Portada: Evelyn Barboza V.

Impreso por: Lightning Source, an INGRAM Content company
para Editorial Jurídica Venezolana International Inc,
Panamá, República de Panamá.
Email: ejvinternational@gmail.com
http://www.editorialjuridicavenezolana.com.ve

Diagramación, composición y montaje
por Oralia Hernández en letra Times New Roman, 11
Interlineado: 12. Mancha 12,5 x 19

# CONTENIDO

## PRONUNCIAMIENTOS
## 2019-2025
## TOMO III

**QUINTA PARTE**
FUERZA ARMADA NACIONAL

**SEXTA PARTE**
PROTECCIÓN DE LA INTEGRIDAD TERRITORIAL
DE LA REPÚBLICA Y LA PROTECCIÓN DEL AMBIENTE

**SEPTIMA PARTE**
AUTONOMÍA UNIVERSITARIA

**OCTAVA PARTE**
RESISTENCIA CONSTITUCIONAL Y TRANSICIÓN POLÍTICA

**NOVENA PARTE**
PRONUNCIAMIENTOS DE ACADEMIAS EXTRANJERAS
Y SOBRE ASUNTOS INTERNACIONALES

**DÉCIMA PARTE**
PRONUNCIAMIENTO DE JÚBILO

**ÍNDICE CRONOLÓGICO**

**ÍNDICE TEMÁTICO**

**ÍNDICE ANALÍTICO**

# PRESENTACIÓN

# DOCTRINA DE LA ACADEMIA DE CIENCIAS POLÍTICAS Y SOCIALES (PRONUNCIAMIENTOS 2019-2025)

*Rafael Badell Madrid*
Presidente de la Academia de Ciencias Políticas y Sociales

Nos da mucho gusto presentar este tercer tomo de la **Doctrina Académica Institucional** de la Academia de Ciencias Políticas y Sociales. Esta obra compila los pronunciamientos emitidos por la Academia entre los años 2019 y 2025. Le precede, la publicación de la **Doctrina Académica Institucional** correspondiente a los años 1980 hasta el 2012 y, luego, la correspondiente al período 2012 al 2019, producto del esfuerzo e inteligencia de los Académicos Román Duque Corredor y Humberto Romero-Muci, respectivamente.

Ahora, por tercera vez, plasmamos en esta **Doctrina Académica Institucional** el testimonio de nuestro compromiso inquebrantable con Venezuela, un faro de orientación en tiempos complejos y desafiantes y, de nuevo, gracias al meticuloso trabajo de edición y compilación del académico Humberto Romero-Muci.

## LA MISIÓN DE LA ACADEMIA Y LA TRASCENDENCIA DE SUS PRONUNCIAMIENTOS

Desde su fundación, hace ciento diez años, la Academia de Ciencias Políticas y Sociales ha asumido un **rol pedagógico fundamental**: educar en valores para la sociedad y actuar como guardiana de la conciencia jurídica y política del país. Cuando la institucionalidad democrática enfrenta en Venezuela y en muchos países del mundo amenazas serias y la sociedad navega en la zozobra, la misión de la Academia adquiere una relevancia aún mayor. Ante las flaquezas, desvíos y distorsiones institucionales y de los valores fundamentales que deben informar a la sociedad, el análisis riguroso de las ciencias políticas y sociales ofrece las referencias necesarias para guiar la vida de los ciudadanos libres.

Nuestros análisis doctrinarios parten de la consideración de que la democracia es la base del Estado de derecho y condición indispensable para el respeto y garantía de los derechos humanos (civiles, políticos, económicos, sociales y culturales). Sin democracia no podríamos ejercer plena, efectiva y libremente los demás derechos humanos.

Observamos que en nuestros países la democracia está amenazada y disminuida y que el término 'democracia' es usado con demagogia, para acabar con ella misma. En estos tiempos la democracia se desmonta a través de procesos graduales y casi imperceptibles que socavan sus cimientos desde dentro. La retórica democrática hoy convive con prácticas que socavan sus fundamentos: la Constitución y las instituciones democráticas se alteran gradualmente mediante su reforma, interpretaciones manipulativas y prácticas que, aunque revestidas de aparente legalidad, vacían de contenido los valores, procedimientos y equilibrios que sostienen al Estado de derecho.

En estas circunstancias el papel de la Academia es cada vez más importante y los pronunciamientos que conforman esta doctrina académica, son cada vez más necesarios y útiles. Son nuestras herramientas para colaborar con la **reinstitucionalización democrática**. Dejamos testimonio de nuestros análisis especializado y de la orientación que ofrecemos tanto a la sociedad civil como a los Poderes Públicos. A través de ellos, la Academia de Ciencias Políticas y Sociales materializa su misión de defender las instituciones democráticas, el pluralismo, las libertades ciudadanas y fomenta una ciudadanía crítica y consciente. Cada declaración es un registro analítico del proceso de desinstitucionalización y de las violaciones a la democracia y los derechos humanos, sirviendo como una **"memoria viva"** y un antídoto contra la improvisación y el olvido.

Nuestros pronunciamientos buscan enriquecer el debate público sobre temas cruciales, insistiendo en la importancia de los **valores éticos y morales universales** como la justicia, la verdad, la dignidad humana y la paz, frente a la arbitrariedad del poder. No son meras opiniones; son el resultado del conocimiento experto y la reflexión profunda de sus miembros, elegidos por su incontestable competencia en las ciencias jurídicas y políticas.

## LA DIFICULTAD DE LOS TIEMPOS PRESENTES: UN DESAFÍO CONTINUO

No podemos soslayar la **extrema dificultad de los tiempos que atraviesa Venezuela**. La persistencia y profundización de la crisis institucional después de 2019 ha intensificado la degradación del país, calificada incluso como una "emergencia humanitaria compleja". Nos enfrentamos, como señala Tomás Straka, a algunos de los embates más serios de nuestra historia, con incontables formas de manipulación y falsificación institucional.

En este contexto de desinstitucionalización y zozobra ciudadana, la labor de la Academia se vuelve aún más imperativa. Los pronunciamientos recogidos en este tomo reflejan la intensificación de problemas ya documentados: la sistemática violación de los derechos humanos, de los principios de separación de poderes, de la constitucionalidad y la legalidad; la usurpación de competencias de la Asamblea Nacional; la vulneración de los derechos de participación política; la degradación de la economía y las finanzas públicas; la violación de la autonomía universitaria y la dejación en la defensa de los intereses territoriales y la protección del ambiente. Estos documentos evidencian una estrategia continuada de concentración de poder, silenciamiento de la disidencia y desconocimiento de los principios democráticos.

## UN LLAMADO A LA REFLEXIÓN Y A LA ACCIÓN

Esta **Doctrina Académica Institucional**, entonces, es mucho más que una simple compilación. Estos pronunciamientos, además de constituir una modalidad -de las muchas que hay- del control político que debe existir en toda sociedad, son un llamado a la reflexión y a la acción. Juntos se convierten en el faro ético que busca **formar personas libres y ser un agente en la formación de valores**. La Academia de Ciencias Políticas y Sociales, a través de su doctrina, se erige como una voz independiente que, desde el conocimiento experto, acompaña y orienta al país en la búsqueda de la reinstitucionalización y el renacer de la civilidad y la democracia.

Agradezco profundamente al académico Humberto Romero-Muci por su invaluable labor como editor y compilador de este tomo, así como a todos los académicos que con su dedicación y estudio han contribuido a la formulación de estos pronunciamientos.

Que esta obra sirva como instrumento para la formación de una conciencia cívica robusta, informada y comprometida con el futuro de Venezuela. Un futuro donde la justicia, la verdad y la libertad sean los pilares de nuestra convivencia.

Muchas gracias.

# INTRODUCCIÓN

Este nuevo libro sobre la doctrina institucional de la Academia de Ciencias Políticas y Sociales presenta una sistematización temática, cronológica y analítica de los pronunciamientos emitidos por la Corporación entre 2019 y 2025. Esta publicación complementa dos tomos previos que recopilan la doctrina de la Academia bajo el título **"Doctrina Académica Institucional: Instrumento de Reinstitucionalización Democrática":**

- **Tomo I:** Cubre el período de 1983 a 2012[1].
- **Tomo II:** Abarca desde 2012 hasta 2019[2].

Este Tomo III, al igual que los anteriores, reafirma el compromiso histórico de la Academia con la defensa de la institucionalidad democrática y el Estado de Derecho en Venezuela. Ante la persistencia y profundización de la crisis institucional después de 2019, la labor orientadora y testimonial de la Academia ha adquirido una relevancia aún mayor. La Corporación no solo cumple con su deber de defender los principios constitucionales, sino que actúa consistentemente con su rol de **"instrumento de reinstitucionalización democrática".**

La Academia actúa como **"guardián de la conciencia jurídica y política del país"**, ofreciendo análisis especializados y orientación a la sociedad civil y a los Poderes Públicos sobre la situación institucional, legal y política. Un compromiso ético de servir de guía proactiva para orientar a la sociedad civil. Esa función consultiva se ejerce dese la experiencia, la formación y el prestigio de sus numerarios, elegidos por reconocérseles como personas de incontestable competencia en el dominio y en el cultivo de las ciencias jurídicas y políticas[3].

---

1 DUQUE CORREDOR, Román José (compilador), ***Doctrina Académica Institucional***, <pronunciamientos 1983-2012>Academia de Ciencias Políticas y Sociales, Caracas 2013, ISBN 978-980-6396-92-0.

2 ROMERO-MUCI, Humberto (compilador), ***Doctrina Académica Institucional***, <pronunciamientos 2012-2019>Academia de Ciencias Políticas y Sociales, Editorial Jurídica Venezolana, Caracas 2019, ISBN 978-980-365-467-2.

3 ***Cfr.*** DUQUE CORREDOR, Román José, ***Doctrina Académica Institucional***, <pronunciamientos 1983-2012>Academia de Ciencias Políticas y Sociales, Caracas 2013, p. 14.

Sus pronunciamientos constituyen un registro documentado y analítico del proceso de desinstitucionalización y las violaciones a la democracia y los derechos humanos, sirviendo como **"memoria viva"** y **"antídoto contra la improvisación y la desmemoria"**.

A través de sus exhortaciones y denuncias, la Academia contribuye activamente a la defensa de las instituciones democráticas, el pluralismo y las libertades ciudadanas frente a los avances autoritarios.

Sus pronunciamientos informados y fundamentados enriquecen el debate público sobre temas cruciales para el país, fomentando una ciudadanía crítica y consciente. Son un **"instrumento de rereinstitucionalización"** del Estado de Derecho, de la vigencia de los principios democráticos y republicanos y de la efectiva vigencia de los derechos humanos de todos, ofreciendo análisis y denuncias frente a los nuevos desafíos de este periodo.

En estos tiempos críticos, la Academia también ha llamado a la unidad de los sectores democráticos y a la acción ciudadana pacífica para el restablecimiento del orden constitucional.

En definitiva, la Academia se erige como una voz independiente que, desde el conocimiento experto, defiende los principios éticos y morales universales de la justicia, la verdad, la dignidad humana y la paz, frente a la arbitrariedad del poder.

**

Esta nueva compilación de ***doctrina académica*** contiene un total de 52 pronunciamientos de los cuales 32 son propios de la corporación y 16 en conjunto con las demás academias nacionales. Incluso se presentan 4 pronunciamientos de academias de ciencias morales y políticas y de jurisprudencia de iberoamericanas sobre la situación jurídica y política venezolana e internacional.

Este nuevo aluvión de pronunciamientos se suma a las del tomo II con 80 pronunciamientos entre los años 2013 a 2019 y las del tomo I de 37 pronunciamientos de 1983 a 2013. Continua el activismo de la Academia ante la intensa y profunda degradación institucional del país sufrida en este último periodo de casi 6 años, entre 2019 y el presente, o lo que es lo mismo, la profusión de pronunciamientos es directamente proporcional al descalabro que sigue sufriendo el país calificado como una **"emergencia humanitaria compleja"[4].**

En esta nueva oportunidad los académicos de Ciencias Políticas y Sociales según las circunstancias y el área de especialidad respectiva han contribuido a perfilar la oportuna opinión de la Corporación en defensa de los valores republicanos y democráticos. Las líneas temáticas fundamentales se perfilan frontalmente hacia la denuncia de (i) la sistemática violación de los derechos humanos de

---

4 https://www.acnur.org/emergencias/situacion-de-venezuela; https://news.un.org/es/story/2019/11/1464991

la población, (ii) la sistemática violación de los principios de separación de los poderes públicos, de constitucionalidad y de la legalidad y la recurrente usurpación por el Ejecutivo Nacional o por la Sala Constitucional del Tribunal Supremo de Justicia de las competencias de la Asamblea Nacional, (iii) la sistemática violación de los derechos de participación política y ciudadana, (iv) la degradación de la economía y las finanzas públicas del país, (v) la violación de la autonomía universitaria y (vi) la dejación de la defensa de los intereses territoriales de la República y la protección del ambiente.

Como novedad este Tomo III contiene un índice ***analítico*** que complementa los índices ***cronológico*** y ***temático*** de la compilación. El índice analítico es decisivo para organizar la gran cantidad de información contenida en los pronunciamientos y hacerla accesible y útil para el análisis, la consulta y la comprensión de la postura institucional de la Academia frente a la compleja situación de Venezuela entre 2019 y 2025. Permite a los lectores (i) facilitar la consulta especifica encontrándose rápidamente con informacion sobre temas, conceptos, nombres, instituciones o normativas especificas nombradas a lo largo de los 51 pronunciamientos incluidos, (ii) identifica patrones comunes y conexiones sobre frecuencias de ciertos asuntos y su evolución como postura a lo largo del tiempo y (iii) en definitiva aumenta la utilidad de la obra al convertir la compilación en una herramienta de referencia más eficaz y útil para consulta futura, acceso rápido y preciso a la **"doctrina académica institucional"** sobre puntos específicos del acontecer jurídico y político venezolano durante el periodo cubierto.

***

Los pronunciamientos recogidos en el Tomo III reflejan una intensificación de los problemas ya documentados (crisis institucional, violaciones de DDHH, crisis humanitaria), evidenciando la respuesta de la Academia ante eventos específicos de ese período como el manejo de la pandemia, situación post-electoral 2024, nuevas leyes o sentencias cuestionadas.

Mientras el Tomo II documenta el inicio y la intensificación de la desinstitucionalización y las violaciones a la democracia y los derechos humanos, el Tomo III muestra la profundización y consolidación de estas prácticas, con mecanismos de control más explícitos y una erosión más acentuada del Estado de Derecho y las libertades fundamentales en Venezuela. Los patrones identificados revelan una estrategia continuada de concentración de poder, silenciamiento de la disidencia y desconocimiento de los principios democráticos y constitucionales. Destaca el uso del sistema judicial como herramienta política, la restricción sistemática del espacio cívico y político, el uso de la violencia estatal y la represión para el control político y social, la opacidad y la falta de rendición de cuentas y muy especialmente un desprecio por la soberanía popular.

Un patrón constante es el uso del Sistema Judicial como Herramienta Política: El TSJ (especialmente la Sala Constitucional) sirve para validar acciones inconstitucionales del Ejecutivo, usurpar funciones de la Asamblea Nacional, designar autoridades electorales y judiciales afines al gobierno, e intervenir partidos políticos. Esto evidencia una profunda falta de independencia judicial.

Se observa una pauta continua de acoso, criminalización y limitación de la sociedad civil organizada, partidos políticos de oposición, medios de comunicación independientes y ciudadanos críticos. Esto se manifiesta en detenciones arbitrarias, uso de leyes restrictivas ("Ley contra el Odio", "Ley contra el Fascismo", RUSO), censura, bloqueo informativo y ataques a la autonomía universitaria.

La respuesta estatal a la protesta social y la disidencia política ha sido consistentemente represiva en este período, con uso desproporcionado de la fuerza, detenciones arbitrarias, torturas y ejecuciones extrajudiciales denunciadas. La represión se ha intensificado, se ha hecho más selectiva e intimidatoria; su objetivo es desmovilizar y desmoralizar a la disidencia. La impunidad parece ser una constante.

Se observa también un modelo de falta de transparencia en la gestión pública, especialmente en el manejo de recursos (Ley Antibloqueo), procesos electorales (falta de publicación de resultados detallados) y en la información en situaciones de emergencia (COVID-19, crisis eléctrica).

A lo largo de este nuevo tomo se denuncia el desconocimiento de la voluntad popular expresada en elecciones y referendos, la manipulación de procesos electorales y la usurpación de funciones de los órganos representativos electos.

En materia de ***derechos humanos*** las denuncias más graves incluyen la **persecución política sistemática**, manifestada en **detenciones arbitrarias masivas** (incluso de menores), **desapariciones forzadas** y la **criminalización de la disidencia y la protesta pacífica**, a menudo utilizando leyes restrictivas y un sistema judicial carente de independencia. Se suman graves violaciones a la **integridad personal**, agresiones por fuerzas de seguridad, y la vulneración del **derecho a la salud** por la gestión deficiente de la pandemia y la falta de acceso equitativo a vacunas. Además, se destaca el **socavamiento de los derechos políticos y democráticos** mediante la intervención de partidos, la designación ilegítima de autoridades electorales y la falta de transparencia, junto con la vulneración de los derechos de pueblos indígenas por actividades extractivas.

Las denuncias más graves a los principios de separación y equilibrio de poderes, constitucionalidad y legalidad, según la Academia entre 2019 y 2025, se centran en la **usurpación sistemática de las competencias de la Asamblea Nacional** por parte del Tribunal Supremo de Justicia (TSJ), especialmente en la **designación inconstitucional de autoridades electorales (CNE)** y la **intervención directa en partidos políticos**, socavando la democracia y los derechos políticos. Igualmente, grave es la **violación de la supremacía constitucional** mediante actos como la "Ley Antibloqueo" o reformas judiciales (LOTSJ) que concentran poder, violan la reserva legal, permiten la **inaplicación discrecional**

**de leyes vigentes**, y atentan contra la **independencia judicial** y la **cosa juzgada**. Estas acciones, junto a la invasión de competencias entre poderes (como el TSJ actuando en funciones electorales), demuestran un patrón de desmantelamiento del Estado de Derecho denunciado por la Academia.

La Academia se ha pronunciado en el ámbito de las ***Finanzas y el patrimonio público***. Concretamente ha denunciado la **gestión opaca y la posible liquidación de activos públicos** facilitada por instrumentos como la "Ley Antibloqueo", que permite eludir controles legales y constitucionales, fomentando la discrecionalidad y el riesgo de corrupción. Se suma la implementación de **políticas tributarias regresivas y confiscatorias** (como las reformas del IGTF, tasas de registros/ notarías y la contribución para pensiones), que violan principios constitucionales como la capacidad contributiva y la legalidad, ahogan la economía y penalizan transacciones necesarias. Además, se critica la **violación de la reserva legal tributaria** mediante delegaciones indebidas al Ejecutivo o entes administrativos para fijar elementos esenciales de la estructura del tributo, y la **falta general de transparencia y rendición de cuentas** en el manejo de fondos públicos, incluyendo los de seguridad social.

La Academia es consciente de que la pobreza es directamente proporcional a la corrupción, flagelos que nos hacen a todos vulnerables; que la seguridad jurídica, la estabilidad del derecho, el respeto a las normas constitucionales que regulan la actividad financiera del Estado y la rendición de cuentas son consustanciales a la democracia y al desarrollo humano integral, que jamás florecerán a causa de la corrupción generalizada, la ausencia de controles y de gobernabilidad democrática, la arbitrariedad del poder ejecutivo y la usurpación de las funciones de la Asamblea Nacional.

Las denuncias ***más graves*** sobre el sistema electoral venezolano se centran en la designación inconstitucional y partidista del Consejo Nacional Electoral (CNE) por parte del Tribunal Supremo de Justicia (TSJ), usurpando funciones de la Asamblea Nacional y eliminando la imparcialidad del árbitro. A esto se suma la alteración arbitraria de las reglas electorales, incluyendo la eliminación del voto universal, directo y secreto para la representación indígena, y la intervención judicial en partidos políticos de oposición para controlar sus símbolos y participación. Finalmente, la falta de transparencia crítica en la totalización y publicación de resultados electorales detallados por mesa impide la verificación ciudadana y vulnera la expresión de la soberanía popular, culminando en procesos considerados ilegítimos y no democráticos.

Ha sido una prioridad histórica para esta Academia la defensa de nuestra integridad territorial. La Academia ha continuado expresando su máxima preocupación por la reivindicación y **defensa de los intereses del país en la recuperación del territorio Esequibo**, alertando sobre el **riesgo de perder ese espacio** si no se ejerce una defensa judicial activa, experta y unificada ante la Corte Internacional de Justicia (CIJ), denunciando la invalidez histórica del Laudo Arbitral de 1899 y criticando las posturas que evitan la comparecencia efectiva ante la Corte.

Adicionalmente, la Corporación continuó denunciando la **devastadora acción de la minería ilegal y el proyecto Arco Minero del Orinoco**, señalando la **destrucción ambiental irreversible** de ecosistemas vitales (incluyendo fuentes de agua y áreas protegidas), la **grave afectación a la salud pública** por contaminación tóxica y propagación de enfermedades, y la **profunda vulneración de los derechos humanos de los pueblos indígenas**, incluyendo desplazamiento, violencia y falta de consulta.

En cuanto a la autonomía universitaria, las denuncias más graves de la Academia entre 2019 y 2025 se refieren a la **imposición de un régimen electoral inconstitucional por parte del Tribunal Supremo de Justicia (TSJ)**, que usurpa funciones legislativas, altera la composición de la comunidad universitaria definida en la Constitución y amenaza con la designación ejecutiva de autoridades, violando directamente el autogobierno universitario (Art. 109). A esto se suma la **asfixia financiera sistemática** mediante presupuestos insuficientes y reconducidos por más de una década, la falta de fondos para investigación y funcionamiento, y la reciente **centralización de las nóminas**, lo que limita severamente la operatividad, causa el cierre de programas y laboratorios, provoca una masiva fuga de talento y vulnera la autonomía administrativa y financiera de las universidades e institutos de investigación.

La reivindicación de la autonomía universitaria es una lucha crucial para el futuro del país. Una universidad libre, autónoma y de calidad es indispensable para formar el talento humano (profesionales, científicos, ciudadanos críticos) que Venezuela necesitará imperiosamente para su reconstrucción económica, social e institucional.

Al defender la universidad, la Academia defiende uno de los espacios clave donde se fragua la capacidad crítica y el conocimiento necesarios para una democracia funcional y un desarrollo sostenible.

****

Huelga decir que frente a la desinstitucionalización del Estado y a la ruptura del orden constitucional, surge la legítima aspiración a la reconstrucción de la vida social en democracia. Una reconstrucción que debe ser plural, incluyente y renovadora. Una sociedad no será democrática si no posee ciertos canales de discusión y participación pública de los ciudadanos, garantizando una deliberación mínima pero auténtica, y si éstos y los órganos del Poder Público, no se toman en serio los principios democráticos y la dignidad de las personas, en fin, si no se toman en serio el Derecho.

La doctrina académica es una "obra de cultura patria" que, como dijera Miguel de Unamuno[5], ofrece una "enseñanza para educar", para educar a la

[5] Citado por DUQUE CORREDOR, Román José, **Presentación del segundo volumen de la doctrina institucional de la Academia de Ciencias Políticas y Sociales. "La Academia de Ciencias Políticas y Sociales la reinstitucionalización democrática de Venezuela y la garantía constitucional de la autonomía universitaria"**, en: Boletín de la Academia de Ciencias Políticas y Sociales N° 159, julio-diciembre 2019, p. 627.

sociedad sobre los principios democráticos y constitucionales, manteniendo viva la conciencia sobre la necesidad de defenderlos.

Aguafría, 3 de abril de 2025.

Humberto Romero Muci
*Individuo de Número y ex presidente de la Academia de Ciencias Políticas y Sociales*

# PRIMERA PARTE
# DERECHOS HUMANOS

## I. PRONUNCIAMIENTO SOBRE EL INFORME DE LA COMISIÓN DE ENCUESTA OIT (REPÚBLICA BOLIVARIANA DE VENEZUELA) DE 17 DE SEPTIEMBRE DE 2019 (Análisis del informe de la OIT sobre violaciones a la libertad sindical y déficit de diálogo social en Venezuela. Se insta al Gobierno a cumplir sus obligaciones internacionales y fomentar el diálogo para restaurar relaciones laborales democráticas.). 10.01.2020.

La Academia de Ciencias Políticas y Sociales ha analizado y difundido el Informe que -el 17 de septiembre de 2019- emitió la Comisión de Encuesta designada por el Consejo de Administración de la Organización Internacional del Trabajo (OIT), con ocasión de la queja interpuesta por delegados empleadores ante la 104ª reunión de la Conferencia Internacional del Trabajo -con base en el art. 26 de la Constitución de la OIT- sobre la aplicación de sus Convenios 26 (sobre métodos para la fijación de salarios mínimos), 87 (sobre la libertad sindical y la protección del derecho de sindicación) y 144 (sobre la consulta tripartita), ratificados por Venezuela.

El Informe describe el severo déficit de diálogo social y las gravísimas violaciones a la libertad sindical que han caracterizado las relaciones laborales en Venezuela durante los últimos veinte años[1]. También, advierte y fundamenta: "i) un persistente y grave hostigamiento de la acción de FEDECAMARAS y sus afiliados, así como de organizaciones de trabajadores no afines al Gobierno; una situación de impunidad en relación con actos de violencia, amenazas, persecución, estigmatización, intimidación, así como otras vulneraciones de las libertades civiles, sufridas por sus dirigentes y miembros; ii) prácticas de favoritismo o promoción de organizaciones paralelas y de discriminación, suplantación e injerencia en las actividades de las organizaciones de empleadores y trabajadores no afines, e injerencia en las relaciones entre empleadores y trabajadores; todo ello vulnerando las garantías previstas en el Convenio núm. 87; y iii) la inobservan-

[1] Pag 232.

cia de las obligaciones de consulta tripartita sobre la fijación del salario mínimo (Convenio núm. 26) y sobre cuestiones relativas a la promoción de la aplicación de las normas internacionales del trabajo (Convenio núm. 144), así como la ausencia de diálogo social en los términos preconizados por las normas de la OIT"[2].

La Academia exhorta al Gobierno de la República Bolivariana de Venezuela, a cumplir con sus obligaciones internacionales bajo los tratados y convenios vigentes y, en consecuencia, a adoptar -más allá de su respuesta inicial al Informe[3]- las medidas idóneas para el cumplimiento de las recomendaciones emanadas de la Comisión de Encuesta OIT: i) promover "un clima desprovisto de violencia, amenazas, persecución, estigmatización, intimidación u otra forma de agresión, en el que los interlocutores sociales puedan ejercer sus actividades legítimas, incluida la participación en un diálogo social con todas las garantías"; ii) respetar "la autonomía de las organizaciones de empleadores y de trabajadores, en particular con relación al Gobierno o a partidos políticos", y suprimir "toda injerencia y favoritismo de las autoridades estatales"; iii) cumplir "las obligaciones de consulta previstas en los Convenios núms. 26 y 144, [sin excluir…] a FEDECAMARAS [ni a las…] organizaciones sindicales no afines al Gobierno"; y iv) crear y convocar "a la mayor brevedad [...múltiples] mesas de diálogo para acompañar la aplicación de las [anteriores] recomendaciones"[4].

Considera la Academia que la sincera y oportuna ejecución de estas recomendaciones por parte del Gobierno, podría contribuir -como se afirma en el Informe de la Comisión de Encuesta OIT- *a la democracia, la reconciliación nacional y la justicia social para una paz y prosperidad duraderas.*[5]

De otra parte, se exhorta también -y ofrece apoyo institucional- a las organizaciones de empleadores y de trabajadores de los sectores público y privado, sin distinción alguna, a impulsar mecanismos autónomos y bipartitos de diálogo y concertación que faciliten el restablecimiento de un sistema democrático de relaciones laborales.

Difúndase el presente pronunciamiento y remítase a las instancias nacionales e internacionales correspondientes.

En Caracas, a los 10 días de enero de 2020.

Humberto Romero-Muci
Presidente

Rafael Badell Madrid
Secretario

---

2 Pag VIII

3 Comunicación de 27 de noviembre de 2019, suscrita por el Ministro del Poder Popular para el Proceso Social de Trabajo y dirigida al Director General de la Oficina Internacional del Trabajo, afirmando entre otros aspectos que el Informe de la Comisión de Encuesta OIT incurrió en el vicio de ultra o extra petita.

4 Págs VIII- X y 229-231

5 Pág. 232.

## II. PRONUNCIAMIENTO DE LA ACADEMIA DE CIENCIAS POLITICAS Y SOCIALES SOBRE EL ESTADO DE ALARMA DECRETADO ANTE LA PANDEMIA DEL CORONAVIRUS (COVID-19)

(Se denuncia el manejo opaco e ineficiente de la pandemia el COVID-19. Se hace un llamado a implementar políticas socioeconómicas urgentes, de unidad nacional y restauración democrática para evitar un desastre humanitario). 18.03.2020.

La Academia de Ciencias Políticas y Sociales, en cumplimiento de sus deberes legales, en defensa de los derechos humanos, el Estado de Derecho y la democracia, ha decidido realizar un primer pronunciamiento sobre las medidas adoptadas, para mitigar y erradicar los riesgos de epidemia relacionados con el Coronavirus (COVID-19).

Es un hecho público y notorio, que la humanidad está sufriendo los efectos de una enfermedad infecciosa global producida por el Coronavirus (COVID-19), con graves consecuencias para la salud de las personas contagiadas, que en algunos casos de personas adultas mayores o con ciertas condiciones preexistentes, puede incluso causar la muerte. Es también conocido, que este virus es de fácil y rápida transmisión, lo cual llevó a que en fecha 12 de marzo de 2020, la Organización Mundial de la Salud[6] (OMS) declarase como una situación grave de "pandemia", realizando conjuntamente con la Organización Panamericana de la Salud (OPS) una serie de recomendaciones a los Estados y a las personas sobre las medidas para proteger la salud y prevenir su propagación[7].

El respeto, la garantía y protección de los derechos humanos a la salud y a la vida es una responsabilidad constitucional e internacional de los Estados, los cuales tienen la obligación de adoptar las medidas necesarias para la prevención y el tratamiento de las personas afectadas. Esas medidas deben ser: necesarias, idóneas y proporcionales a la situación planteada. Ello implica, que estas medidas deben ser, además, las adecuadas médica y técnicamente; y no, cualquier medida que no sea conducente (eficaz) para lograr el fin de prevenir la propagación del virus y el tratamiento de las personas afectadas. Finalmente, esas medidas a adoptar por los Estados deben ser objeto de actos jurídicos formales, debidamente motivados, publicados oficialmente y divulgados adecuadamente. Ello es fundamental, a fin hacerlas del conocimiento previo de la población; darles fundamento y certeza a las actuaciones del Estado y poder controlar su conformidad técnica y jurídica.

En Venezuela, la Presidencia de la República de Nicolás Maduro Moros decidió decretar el estado de alarma en todo el territorio nacional, mediante Decreto N° 4.160 publicado en Gaceta Oficial Extraordinaria N° 6.519 de fecha 13 de

---

6 Ver, Documentos Técnicos, disponibles en: https://www.who.int/es/emergencies/diseases/novel-coronavirus-2019.

7 Ver, Documentos Técnicos, disponibles en: https://www.paho.org/es/documentos-tecnicos-ops-enfermedad-por-coronavirus-covid-19.

marzo de 2020, a fin de que el "Ejecutivo Nacional" adopte las medidas urgentes, efectivas y necesarias de protección y preservación de la salud de la población venezolana, para mitigar y erradicar los riesgos de epidemia relacionados con el coronavirus (COVID-19) y sus posibles cepas, garantizando la atención oportuna, eficaz y eficiente de los casos que se originen (art. 1). El referido decreto establece una serie de medidas y el anuncio y la delegación de otras medidas, la cuales consisten fundamentalmente, en primer lugar, en un régimen de suspensión de actividades: (i) escolares y académicas (art. 11); (ii) espectáculos públicos, exhibiciones, conciertos, conferencias, exposiciones, espectáculos deportivos y, en general, cualquier tipo de evento de aforo público o que suponga la aglomeración de personas (art. 12). En segundo lugar, se establecen (iii) limitaciones a los establecimientos dedicados al expendio de comidas y bebidas (arts. 12 y 13); y finalmente, se ordena (iv) el cierre de los parques de cualquier tipo, playas y balnearios, públicos o privados (art. 14).

Así mismo, el decreto habilitó al Ejecutivo Nacional para: (i) suspender los vuelos hacia territorio venezolano o desde dicho territorio por el tiempo que estime conveniente (art. 15); (ii) ordenar la suspensión de actividades en determinadas zonas o áreas geográficas (art. 8), con excepción de las indicadas en el artículo 9 eiusdem; y, para (iii) ordenar restricciones a la circulación en determinadas áreas o zonas geográficas, así como la entrada o salida de éstas (art. 7).

El decreto establece también un *régimen de las personas,* que consiste en una medida de cuarentena o aislamiento temporal, para aquellas: (i) sospechosas de haber contraído el Coronavirus que causa la COVID-19; (ii) se haya confirmado que lo han contraído; y (iii) hayan estado expuestos a pacientes sospechosos o confirmados de haberlo contraído (arts. 23 al 29).

Con relación a los *establecimientos de atención médica, hospitales, clínicas y ambulatorios públicos o privados*, el decreto establece que "adecuarán sus protocolos a los lineamientos del Ministerio del Poder Popular para la Salud". Ello incluye, (i) la posibilidad de ser designados o requeridos como hospitales de campaña o centinela en materia de coronavirus COVID-19, "no estando sujetos a horario, turno o limitación de naturaleza similar" (art. 17). Además de ello, (ii) las autoridades competentes en materia de salud deberán evaluar las condiciones de seguridad de las edificaciones hospitalarias, a los fines de "ordenar las obras de reacondicionamiento que se requieran a corto plazo, así como la construcción de obras de carácter temporal o permanente necesarias para que, coordinadamente con el Sistema de Protección Civil y Administración de Desastres, respondan a la emergencia sanitaria" (art. 21).

Por otro lado, con relación a la *inspección de establecimientos, personas o vehículos,* el artículo 28 del decreto dispone que, "[l]os órganos de seguridad pública quedan autorizados a realizar en establecimientos, personas o vehículos las inspecciones que estimen necesarias cuando exista fundada sospecha de la violación de las disposiciones de este Decreto", estando autorizados dichos órganos de seguridad, para "tomar las medidas inmediatas que garanticen la mitigación o desaparición de cualquier riesgo de propagación o contagio del coronavirus CONVID-19"; para lo cual, simplemente el Ministro del Poder Popular para Relaciones Interiores, Justicia y Paz "deberá establecer los parámetros de actuación adecuada".

Finalmente, el decreto dispone la creación de una *Comisión Presidencial para la Prevención y Control del Coronavirus* (COVID-19), integrada exclusivamente por funcionarios públicos, la cual tendrá por objeto coordinar y asesorar todo lo relativo a la implementación de las medidas que sean necesarias adoptar para frenar y controlar la propagación de la pandemia del Coronavirus (arts. 30 al 36).

Este pronunciamiento de la Academia de Ciencias Políticas y Sociales, en consistencia con otros anteriormente realizados por ella y por las otras Academias Nacionales, no implica el reconocimiento de la legitimidad del gobierno presidido por Nicolás Maduro Moros, quien ha dictado tales medidas en virtud de detentar el control del Estado venezolano y de la fuerza pública.

**La Academia se ve en la obligación de realizar las siguientes observaciones preliminares y recomendaciones sobre las medidas adoptadas, con especial referencia al decreto de estado de alarma:**

1. En primer lugar, la Academia observa que el gobierno comenzó a adoptar una serie de medidas materiales relativas a la restricción del libre tránsito y suspensión de actividades laborales, desde el mismo viernes 13 de marzo pasado, aún antes de que se conociera la publicación oficial del decreto de estado de alarma. En efecto, la Gaceta Oficial Extraordinaria N° 6.519 de fecha 13-320 en la cual aparece publicado el decreto de esa misma fecha, apenas se conoció de su circulación pública durante el día 17 de marzo de 2020. Como quedó dicho supra, la publicación oficial previa de los actos jurídicos es necesaria para llevar a cabo los actos materiales de ejecución; además, para poder darle la certeza y conocimiento público previo a los referidos actos. Si bien puede ocurrir que, en casos extremos, el mismo día en que se dicte el decreto de un estado de excepción sea necesario comenzar su ejecución, su publicación debe ocurrir a la mayor brevedad posible, por ejemplo, al día siguiente de ser dictado (excepto por fuerza mayor, que no fue el caso)[8]. Por lo cual, estos actos materiales ejecutados sin la publicación oficial previa de los actos jurídicos constituyen por tal motivo vías de hecho y violan el ordenamiento jurídico.

   La Academia observa además, que se han impuesto medidas de (i) suspensión de vuelos hacia territorio venezolano o desde dicho territorio y (ii) restricciones a la circulación en determinadas áreas o zonas geográficas, y la entrada o salida de éstas, sin que el Ejecutivo Nacional

8 Vgr., artículo 22 de la Ley Orgánica de Estados de Excepción (Gaceta Oficial N° 37.261 del 15 de agosto de 2001).

haya dictado los decretos previos publicados en la Gaceta Oficial, en los cuales se indiquen además, las medidas alternativas que permitan la circulación vehicular o peatonal para la adquisición de bienes esenciales. Ello ha generado igualmente una situación de vías de hecho y demás arbitrariedades, que, en nada contribuye a enfrentar la crisis actual.

2. La Academia observa que el decreto delega en la Vicepresidenta Ejecutiva de la República (en consulta con los Ministros del Poder Popular con competencia en la materia), la facultad para ordenar la suspensión de otras actividades. Esta norma no sólo resulta contradictoria con la contenida en el artículo 8 del mismo decreto, sino que además es inconstitucional. En efecto, el artículo 8 eiusdem establece, que es el Presidente de la República -y no la Vicepresidenta- quien podrá ordenar la suspensión de actividades en determinadas zonas o áreas geográficas. Pero, además, el artículo 337 constitucional establece que es el Presidente de la República en Consejo de Ministros, quien podrá decretar los estados de excepción, el cual deberá contener las regulaciones correspondientes al ejercicio del derecho cuya garantía se restringe (art. 339). Esta lectura constitucional conforme a la cual, es al Presidente de la República en Consejo de Ministros, a quien le corresponde dictar las "medidas" que regulan o desarrollan los estados de excepción, es confirmada por lo dispuesto en la Ley Orgánica de Estados de Excepción (LOEE), conforme a la cual el "presidente de la República, en Consejo de Ministros, tendrá las siguientes facultades: a) Dictar todas las medidas que estime convenientes en aquellas circunstancias que afecten gravemente la seguridad de la Nación, de sus ciudadanos y ciudadanas o de sus instituciones, de conformidad con los artículos 337, 338 y 339 de la Constitución de la República Bolivariana de Venezuela. b) Dictar medidas de orden social, económico, político o ecológico cuando resulten insuficientes las facultades de las cuales disponen ordinariamente los órganos del Poder Público para hacer frente a tales hechos." (art. 15) (cursivas añadidas). Por ello, decretado el estado de excepción y sus medidas regulatorias, conforme a la LOEE, lo único que puede delegar el Presidente de la República es su "ejecución" en otras autoridades que el Ejecutivo Nacional designe (art. 16), pero no la adopción misma de las medidas. En todo caso, las delegaciones de competencias, en los supuestos permitidos por el ordenamiento jurídico, deben seguir los requisitos, directrices y parámetros necesarios, lo cual no es el caso.

3. La Academia observa que lo mismo indicado supra 2, debe decirse con relación a la suspensión de vuelos internacionales. El artículo 15 del decreto establece que el "Ejecutivo Nacional" podrá suspender los vuelos hacia territorio venezolano o desde dicho territorio por el tiempo que estime conveniente, cuando exista riesgo de ingreso de pasajeros o mercancías portadoras del coronavirus COVID-19, o dicho tránsito represente riesgos para la contención del virus. No obstante, a renglón seguido,

dicho artículo dispone que no será el Ejecutivo Nacional (Presidente en Consejo de Ministros) sino el "Ministro del Poder Popular con competencia en materia de transporte aéreo, mediante Resolución", quien dictará las medidas de suspensión de vuelos indicada en dicho artículo.

4. Con relación a la inspección de establecimientos, personas o vehículos establecida en el artículo 28 del decreto, la Academia observa, que esta norma es excesivamente abierta y discrecional, invitando a la arbitrariedad en su ejecución. Se deja en manos de los órganos de seguridad pública, las inspecciones de personas, establecimientos o vehículos, sin ningún parámetro objetivo de justificación, más allá de que ellos mismos consideren que existe una fundada sospecha de la violación de cualesquiera de las disposiciones del decreto. Pero, además, esta norma permitiría a esas autoridades de policía, ejecutar cualquier medida inmediata para garantizar la mitigación o desaparición de cualquier riesgo de propagación o contagio del Coronavirus. Se trata de una norma absurda, ilegal e inconstitucional de un empoderamiento abierto arbitrario por excesivo, que además arriesga a las propias personas de las policías a contagios derivados de estas actividades que ejecuten, sin contar necesariamente con los protocolos de protección personal adecuados.

5. Con relación a las medidas dispuestas por el decreto respecto a los establecimientos de atención médica, hospitales, clínicas y ambulatorios públicos o privados, la Academia observa que estas cargas extraordinarias impuestas a las hospitales, clínicas y ambulatorios privados para adecuar sus protocolos, trabajar como hospitales de campaña o centinela sin horarios, turno ni limitación alguna y las obras de reacondicionamiento para responder a la emergencia sanitaria, deben correr por cuenta del Estado, como responsable y garante de la salud pública.

6. La Disposición Final Primera del decreto establece que el Presidente de la República podrá dictar otras medidas que estime "convenientes". La Academia observa, que las medidas extraordinarias que se pueden dictar en un estado de excepción son únicamente las estrictamente "necesarias e idóneas" frente a las circunstancias de orden social, económico, político, natural o ecológico, que afecten gravemente la seguridad de la Nación, de las instituciones y de los ciudadanos y ciudadanas, a cuyo respecto "resultan insuficientes las facultades de las cuales se disponen para hacer frente a tales hechos" (art. 337, Constitución). Esta disposición es incluso reconocida en el artículo 1 del decreto, el cual dispone la declaración del estado de alarma a fin de que, el Ejecutivo Nacional adopte las medidas "urgentes, efectivas y necesarias". Por lo cual, una medida que sea simplemente "conveniente", pero que no sea "necesaria" y mucho menos idónea, no alcanza el umbral constitucional exigido para que pueda ser dictada mediante decreto ejecutivo en un estado de excepción.

7. La Disposición Final Sexta del decreto dispone, que la suspensión o interrupción de un procedimiento administrativo como consecuencia de las medidas de suspensión de actividades o las restricciones a la circulación que fueren dictadas, no podrá ser considerada causa imputable al interesado, pero tampoco podrá ser invocada como mora o retardo en el cumplimiento de las obligaciones de la administración pública. La Academia observa, que esta disposición debería ser objeto de mayor precisión, para determinar cuáles procedimientos administrativos y cuales plazos de prescripción y caducidad quedan suspendidos o interrumpidos; y cuales no pueden serlo, por ejemplo, por razones de urgencia en interés de los derechos de los administrados.

8. La Academia observa, en el sentido indicado supra 7., que el decreto de estado de alarma ha debido tomar en cuenta otras situaciones de inseguridad jurídica que están presentando las personas frente a la administración pública, como consecuencia de la gravedad de la situación planteada por la pandemia del Coronavirus y a las medidas extraordinarias restrictivas de actividades y de libre circulación de personas y vehículos dispuestas en el decreto. Ello ha conllevado a que las actividades de muchas empresas del país se encuentren suspendidas, lo cual ocasiona una serie de consecuencias en varias materias, como la laboral y la tributaria, que deben ser atendidas de inmediato por el Estado, adoptando las medidas necesarias a tales fines:

   En materia laboral, es necesario que el Estado, en aras de la seguridad jurídica, dicte reglas sobre la extensión y consecuencias patrimoniales de la suspensión de actividades productivas, y transfiera las prestaciones –por ejemplo, con cargo a la seguridad social- que aseguren a los trabajadores la satisfacción de sus necesidades alimentarias sin colocar a las empresas en riesgo de grave deterioro o extinción.

   En materia tributaria, en virtud de la suspensión de las actividades de la mayoría de los contribuyentes, el personal responsable del cumplimiento de las obligaciones tributarias se encuentra en sus casas acatando las medidas de aislamiento, y los flujos de efectivo necesarios para el pago de los tributos, y retenciones, se encuentran mermados por la parálisis derivada a las medidas de cuarentena. En virtud de ello, las distintas Administraciones Tributarias deben reconocer la complejidad de la situación actual, la cual configura un caso de fuerza mayor, que hace presumir una imposibilidad de cumplimiento tempestivo por los contribuyentes como de los responsables, tanto de obligaciones tributarias materiales como formales, incluidos accesorios; y de tomar alternativamente medidas dirigidas a mitigar sus efectos en el ámbito fiscal, como son por parte del Seniat y de las administraciones tributarias estadales y municipales: otorgar prórrogas para las declaraciones y pago de impuestos contribuyentes y responsables; fraccionamiento de pagos, así como, modificar los calendarios para la declaración y pago de los tributos.

9. La Academia observa que la Disposición Décima Primera del decreto dispone su remisión únicamente a la Sala Constitucional del Tribunal Supremo de Justicia. Dicha disposición incumple el deber constitucional de remitir el decreto de estado de excepción (alarma) a la Asamblea Nacional, dentro de los ocho días siguientes de haberse dictado, para su consideración y aprobación o reprobación (art. 339, Constitución). Por lo cual, la no remisión por parte del Ejecutivo Nacional de este decreto de estado de alarma a la Asamblea Nacional, vicia de nulidad el decreto de estado de alarma y lo transforma en una vía de hecho. Con independencia del vicio aquí reseñado, la Asamblea Nacional podría pronunciarse de oficio, con base en lo dispuesto en la LOEE conforme a la cual: "[s]i el Presidente de la República no diere cumplimiento al mandato establecido en el presente artículo en el lapso previsto, la Asamblea Nacional se pronunciará de oficio." (Art. 26, parte final).

10. Por último, la Academia desea realizar las siguientes consideraciones finales:

    A. La pandemia del Coronavirus (COVID-19) afecta a Venezuela en el peor momento de su historia contemporánea. Venezuela sufre una Emergencia Humanitaria Compleja que ha tenido consecuencias dramáticas para un porcentaje mayoritario de la población: desnutrición, falta de atención médica por crisis en los servicios de salud pública, escasez de medicinas, alimentos básicos, suspensiones e interrupciones prolongadas de los servicios públicos básicos de agua y electricidad, pobreza y exclusión. Es evidente la responsabilidad del Estado y en concreto del gobierno de Nicolás Maduro Moros, en las causas de esta emergencia humanitaria compleja y en la falta de respuestas adecuadas para su superación. Pero también es evidente su deber, a pesar de su ilegitimidad democrática, de adoptar las medidas urgentes, efectivas y necesarias para la protección y preservación de la salud de la población venezolana, garantizando la atención oportuna, eficaz y eficiente de las personas afectadas.

       No obstante, la actual incompetencia estructural e institucional que afecta al Estado venezolano y la emergencia humanitaria compleja que vive el país, hacen predecible que esta pandemia pueda terminar teniendo consecuencias extremadamente desastrosas para la población del país. Por lo cual, la Academia considera que, la única manera de verdaderamente atender eficazmente una situación de suprema gravedad como la planteada, es con la unidad nacional sin exclusiones y con el apoyo decidido de la cooperación efectiva de la comunidad internacional, para lo cual es necesario el retorno a la legitimidad democrática, a la Constitución y al Estado de Derecho.

B. La Academia ha tomado conocimiento de las restricciones al acceso a la información, incluyendo el bloqueo de sitios de internet y la detención de médicos y periodistas por dar informaciones relativas a la crisis de la pandemia del Coronavirus en el país o sobre situación crítica de hospitales públicos. Es muy importante advertir, que de conformidad con la Constitución y la LOEE, la libertad personal y la libertad de expresión (libertad de información y libertad de pensamiento, conciencia y religión) están dentro del catálogo de los derechos humanos intangibles que no pueden ser restringidos durante los estados de excepción4. En este sentido, la Academia se une a la exhortación formulada recientemente a los Estados por órganos de derechos humanos de la ONU, OEA y de la Unión Europea, para promover y proteger el acceso y la libre circulación de la información durante la pandemia COVID-19.[9]

C. La Academia exhorta al Ejecutivo Nacional a solicitar y a escuchar las opiniones de los médicos especialistas venezolanos, con excelente formación en universidades reconocidas, los cuales han sido excluidos en el manejo y creación de los protocolos de atención y tratamiento de los pacientes afectados con el COVID-19. Así mismo, llama a que se doten de los equipos de protección para el personal de salud, a fin de resguardar la integridad de las personas responsables de atender a la población en esta contingencia nacional.

En Caracas, a los 18 días del mes de marzo de 2020.

Humberto Romero-Muci
Presidente

Julio Rodríguez Berrizbeitia
1er.Vice-presidente

Luciano Lupini Bianchi
2do.Vice-Presidente

Rafael Badell Madrid
Secretario

Cecilia Sosa Gómez
Tesorera

Carlos Ayala Corao
Bibliotecario

---

9 Disponible en: https://mailchi.mp/dist/covid-19-los-gobiernos-deben-promover-y-proteger-el-acceso-y-la-libre-circulacin-de-la-informacin-durante-la-pandemia-expertos-internacionales?e=2e1ae4a6a7

## III. **PRONUNCIAMIENTO INTERACADEMICO NACIONAL CONTRA EL INCONSTITUCIONAL CONTROL DE LA INVESTIGACION CIENTIFICA SOBRE COVID-19** (Rechazo a la resolución conjunta de los Ministerios de Salud y Ciencia y Tecnología que limita la libertad de investigación científica mediante la exigencia de un registro gubernamental para investigaciones relacionadas con el COVID-19.). 30.04.2020.

En Resolución conjunta de los ministerios de Salud y Ciencia y Tecnología, del 16 de abril pasado (Gaceta Oficial No. 41.863 de 21 de abril de 2020), con el pretexto de abordar la pandemia de la COVID-19, se restringen innecesaria y desproporcionadamente derechos esenciales asociados a la libertad de investigación científica, violando la Constitución Nacional y tratados de derechos humanos válidamente celebrados y ratificados por la República.

Entre otras cosas, en la citada resolución, se expresa que "Es competencia de los Ministerios del Poder Popular para la Salud y de Ciencia y Tecnología definir y velar por el fiel cumplimiento y aplicación de los requisitos que deben cumplir las instituciones, centros de investigación e investigadores independientes para realización de investigación relacionada a COVID-19." Los ministerios de Salud y Ciencia y Tecnología se atribuyen competencia para determinar líneas de investigación, y disponen que los resultados de estas "...deben estar disponibles en los organismos a quien competa para su análisis y aplicación." Se establece que cualquier investigación relacionada con la COVID-19 debe cumplir con los requisitos que allí se indica, incluyendo el "registro en la Página web del Ministerio del Poder Popular para la Ciencia y Tecnología, interconectado con el Ministerio del Poder Popular Para la Salud debiendo aportar toda la información solicitada".

Cualquier esfuerzo que se haga en la dirección correcta para combatir esta pandemia y para proteger la salud de los venezolanos es loable, y merece ser apoyado por todos. Sin embargo, es inaceptable que, con el pretexto del estado de alarma decretado por el Ejecutivo Nacional por el coronavirus causante de la COVID-19, una dependencia del Estado, en violación de la Constitución, se atribuya competencias que no tiene, y pretenda coartar la libertad de buscar, recibir y difundir informaciones e ideas de toda índole, según lo previsto en los artículos 58 y 59 de la Constitución; así como en el artículo 13 de la Convención Americana sobre Derechos Humanos y en el artículo 19 del Pacto Internacional de Derechos Civiles y Políticos, tratados éstos que tienen rango constitucional, y a los que se somete expresamente la Constitución (art. 339) en los Estados de Excepción.

De acuerdo con los estándares internacionales y constitucionales, como son los contenidos en el Pacto Internacional de Derechos Civiles y Políticos, en situaciones que pongan en peligro la vida de la nación, los Estados podrán adoptar medidas para restringir los derechos humanos "en la medida estrictamente limitada a las exigencias de la situación". De acuerdo con esos estándares internacionales, además de 'necesarias' para hacer frente a la emergencia de que se trate, estas medidas deben ser proporcionadas al fin legítimo que se persigue, sin que puedan desnaturalizar el propósito del Estado de Excepción (en grado de alarma, en este caso), utilizándolo para interferir indebidamente en el ejercicio de los derechos de cada persona, tanto de los investigadores científicos como de la sociedad en general.

En Venezuela, las universidades y los centros de investigación llevan adelante la investigación científica en el país. Es a fin de preservar la realización de sus tareas que el artículo 109 de la Constitución consagra la autonomía universitaria. En ésta queda incluida la autonomía de investigación, también consagrada en otras leyes como la Ley del Instituto Venezolano de Investigaciones Científicas. Es de lamentar que, después de dos décadas de privación de recursos financieros, materiales y humanos para cumplir apropiadamente su misión, ahora se pretenda despojar a estas instituciones de su independencia para determinar qué investigar, de acuerdo con qué parámetros, cómo seleccionar a sus investigadores y qué hacer con el producto de sus investigaciones.

El Artículo 3 de esta Resolución contiene aspectos preocupantes en cada uno de sus puntos. Incluso en las circunstancias generadas por el coronavirus, además de contraproducente, resulta arbitrario por desproporcionado pretender que cualquier proyecto de investigación científica sobre la COVID-19 deba contar previamente con un "registro" gubernamental, al cual se debe "aportar toda la información solicitada", información ésta que no se conoce con certeza, ya que ni siquiera se indica expresamente en la resolución ministerial. Se menciona la necesidad de aprobación de cualquier investigación por el Comité de Ética para la Investigación de cada institución, cuando en realidad los comités de ética que operan en las instituciones son Comités de Bioética Humana o Animal, que aplican a proyectos con experimentación en humanos o animales respectiva y exclusivamente.

Queremos invocar nuevamente el derecho de hacer investigación científica en libertad en todas las áreas del conocimiento y en el marco de normativas razonablemente establecidas y no impuestas arbitrariamente.

Por todo lo anterior, las Academias Nacionales deploran y rechazan contundentemente este nuevo ataque al Estado de Derecho y a los derechos humanos y libertades públicas de todos los venezolanos y exigen que la resolución ministerial conjunta sea dejada sin efecto, de inmediato.

Caracas, 30 de abril de 2020

Dr. Horacio Biord Castillo
Presidente de la Academia Venezolana de la Lengua

Dra. Carole Leal Curiel
Directora de la Academia Nacional de la Historia

Dr. Leopoldo Briceño-Iragorry Calcaño
Presidente de la Academia Nacional de Medicina

Dr. Humberto Romero Muci
Presidente de la Academia de Ciencias Políticas y Sociales

Dra. Mireya R. Goldwasser
Presidenta de la Academia de Ciencias Físicas, Matemáticas y Naturales

Dr. Luis Mata Molleja
Presidente de las Academia Nacional de Ciencias Económicas

Ing. Eduardo Buroz
Presidente de la Academia Nacional de Ingeniería y el Hábitat

IV. **PRONUNCIAMIENTO INTERACADEMICO ANTE LA AMENAZA A LA ACADEMIA DE CIENCIAS FÍSICAS, MATEMÁTICAS Y NATURALES POR EMITIR UNA OPINIÓN CIENTÍFICA SOBRE LA EPIDEMIA DE LA COVID 19** (Se denuncian las amenazas de la ANC contra la ACFIMAN por su informe sobre COVID-19; Destacan la importancia de la libre circulación de información, durante la pandemia, y condenan cualquier intento de censura contra la ciencia.). 15.05.2020.

Según informaciones públicas, el presidente de la inconstitucional Asamblea Nacional Constituyente (ANC), Diosdado Cabello, habría amenazado el pasado 13 de mayo, en un medio de comunicación gubernamental, a la Academia de Ciencias Físicas, Matemáticas y Naturales (ACFIMAN) por su informe sobre ella COVID-19. Dicho funcionario habría expresado lo siguiente: "Esto es una invitación para que los organismos de seguridad visiten esta gente... es una invitación a un tun-tun". Las Academias nacionales consideran que tal amenaza configura una intimidación inaceptable contra los derechos humanos de los miembros de dicha Academia, su integridad y libertad personal, su libertad de expresión e investigación científica, derechos todos ellos consagrados en la Constitución y en los instrumentos internacionales sobre derechos humanos.

El 1 8 de mayo de 2020 la ACFIMAN, en ejercicio de su competencia legal como ente asesor del Estado y de los derechos ciudadanos de sus integrantes, elaboró e hizo público el informe titulado Estado actual de la epidemia de la COVID-19 en Venezuela y sus posibles trayectorias bajo varios escenarios (https://acfiman.org/2020/05/08/estado-actual-delaepidemiadelacovid19envenezuela-y-sus-posibles-trayectorias-bajo-varios-escenarios/). Allí la ACFIMAN declaró que como "institución que vela por la generación y difusión del conocimiento sustentado en la evidencia científica, hemos seguido con mucho interés la emergencia de la enfermedad COVID-19, desde la detección del patógeno que la produce el coronavirus SARS-COV-2, por lo que, esperamos que los resultados que aquí se presentan sean de utilidad para diversos sectores de la sociedad, incluidos aquellos que tienen competencia en el diseño de políticas públicas para el manejo eficiente de esta epidemia". La ACFIMAN sustentó el informe con modelos matemáticos y estadísticos sobre el comportamiento del virus en diversos países, incluida Venezuela, y sus posibles proyecciones, ya que tales modelos son "herramientas que permiten reducir la incertidumbre y consienten separar escenarios probables de escenarios poco probables". Dicho informe formula también conclusiones y recomendaciones, "debido a que la libre circulación de información científica es fundamental para aprender de forma acelerada sobre el SARS-COV-2 y sus efectos en la población humana".

La Alta Comisionada para los Derechos Humanos de las Naciones Unidas, Michelle Bachelet, así como los Relatores Especiales de las Naciones Unidas, la Comisión Interamericana de Derechos Humanos y la Corte Interamericana de Derechos Humanos, así como los órganos del Consejo de Europa sobre derechos humanos, han advertido de la importancia fundamental de la libre circulación de ideas y opiniones especialmente durante la pandemia de la COVID-19. Se trata del ejercicio del derecho de toda persona de buscar, recibir y difundir información y opiniones, sin censura previa y sin temor a consecuencias ulteriores, consagrado en los artículos 57 y 58 de la Constitución, 19 del Pacto Internacional de Derechos Civiles y Políticos y 13 de la Convención Americana sobre Derechos Humanos. Conforme al propio texto fundamental y a la Ley Orgánica de Estados de Excepción, este derecho no puede ser restringido, ni siquiera bajo estados de excepción, como es el estado de alarma. Por ello, la libertad de expresión, como lo han confirmado las cortes y tribunales internacionales, es fundamento y piedra angular para la existencia de una sociedad democrática.

Solamente una sociedad informada, puede conocer mejor los hechos y las opciones frente a retos de especial magnitud, como lo es la pandemia generada por la COVID-19.

Muchos científicos y equipos de investigación se encuentran realizando pesquisas para prevenir y enfrentar esta grave enfermedad. Algunos resultados han fracasado, pero otros han presentado avances importantes. No se puede censurar a la ciencia por inconformidad con sus resultados.

Por ello, resulta inaceptable que, desde posiciones de poder, se pretenda amenazar a la ciencia y a los científicos por sus investigaciones y sus resultados. Conforme a la Constitución, el Estado venezolano debe garantizar la emisión, recepción y circulación de la información cultural y científica (art. 101). Asimismo, el Estado debe reconocer el interés público de la ciencia, la tecnología, el conocimiento, la innovación y sus aplicaciones, así como los servicios de información necesarios, por ser instrumentos fundamentales para el desarrollo (art. 110).

En consecuencia, la amenaza contra la ACFIMAN por el informe sobre la COVID-19 constituye una conducta reprochable, que configura a su vez una intimidación inaceptable contra los derechos humanos de los miembros de dicha institución, la integridad personal, la libertad personal y la libertad de expresión, consagrados en la Constitución y en los instrumentos internacionales sobre derechos humanos.

En virtud de lo antes expuesto, las Academias Nacionales acuerdan:

1. Expresar su rechazo público a la inaceptable amenaza por parte del presidente de la inconstitucional ANC, Diosdado Cabello a la ACFIMAN y sus miembros por el informe sobre la COVID-19.
2. Hacer del conocimiento de las Academias y corporaciones similares de los demás países del mundo este grave hecho.
3. Enviar este pronunciamiento a la Oficina de la Alta Comisionada para los Derechos Humanos de las Naciones Unidas, Michelle Bachelet, a los Relatores Especiales de las Naciones Unidas, la Comisión Interamericana de Derechos Humanos y la Corte Interamericana de Derechos Humanos, así como a los órganos del Consejo de Europa sobre derechos humanos.

En Caracas, a los 15 días del mes de mayo de 2020.

Dr. Horacio Biord Castillo
Presidente de la Academia Venezolana de la Lengua

Dra. Carole Leal Curiel
Directora de la Academia Nacional de la Historia

Dr. Leopoldo Briceño-Iragorry Calcaño
Presidente de la Academia Nacional de Medicina

Dr. Humberto Romero Muci
Presidente de la Academia de Ciencias Políticas y Sociales

Dra. Mireya R. Goldwasser
Presidenta de la Academia de Ciencias Físicas, Matemáticas y Naturales

Dr. Luis Mata Molleja
Presidente de las Academia Nacional de Ciencias Económicas

V. **LAS ACADEMIAS NACIONALES ANTE EL ATROPELLO A LA LIBERTAD PERSONAL Y DE EXPRESIÓN E INFORMACIÓN POR DEFENDER EL CUMPLIMIENTO DE LAS NORMAS DE BIOSEGURIDAD.** (Se critica la "Ley contra el Odio" por convertirse en un instrumento de persecución contra opiniones y pensamientos críticos. Se reivindica la libertad de expresión como un valor republicano y se critica el abuso de poder y la falta de respeto por la vida y la salud pública.). 06.04.2021.

Las academias nacionales, en uso de sus atribuciones legales, condenan la detención de Milagros Mata Gil, destacada escritora, periodista y miembro de la Academia Venezolana de la Lengua y de Juan Manuel Muñoz, periodista (seudónimo Moriche), quienes fueron detenidos en la ciudad de El Tigre (estado Anzoátegui) la tarde del miércoles 31 de marzo, informándoles que se procedía por "órdenes superiores" a detenerlos bajo la acusación de incitación al odio por la publicación de un comentario titulado "Fiesta mortal", difundido a través de Whatsapp. Ambos fueron presentados al tribunal al día siguiente y liberados tras audiencia, pero con medidas cautelares de presentación cada 30 días y prohibición de referirse por escrito al tema.

**Considerando**

Que a la escritora Milagros Mata Gil se le acusa de haber incitado al odio por comentar, en un grupo de Whatsapp, la celebración de una boda con gran concurrencia y de la que se derivó un número alto de contagios por Covid 19 entre personas residentes en la ciudad de El Tigre, estado Anzoátegui. El evento tuvo lugar el día sábado 27 de febrero de 2021 en Lechería en flagrante contravención de la normativa sobre emergencia sanitaria (uso de mascarillas, distanciamiento físico y demás protocolos de bioseguridad) y en semana de cuarentena radical. A Juan Manuel Muñoz se le detuvo por ser el administrador del referido grupo dedicado al análisis de la problemática de la ciudad de El Tigre.

**Considerando**

Que la "instigación al odio" es una figura delictiva prevista en la ilegítima "Ley contra el Odio", sancionada por la igualmente ilegítima Asamblea Nacional Constituyente, que lejos de tener por propósito la represión de sentimientos que atenten contra valores como el pluralismo, la igualdad en el trato, la libertad, la justicia y la democracia ha sido erigida, esencialmente, en instrumento de persecución contra opiniones, pensamientos, críticas o ideas políticas, formuladas en ejercicio de la libertad de expresión; haciéndose evidente en la grave desproporción incurrida por la pseudoley, en la que el pretendido delito imputado conlleva, además, una pena equivalente al delito de homicidio (prisión de 10 a 20 años art. 20).

**Considerando**

Que, aun cuando se haya acordado la excarcelación, ello no convalida la detención arbitraria y la prosecución de un proceso penal espurio, acompañado de medidas cautelares (pena anticipada) de presentación ante un tribunal y prohibición de formular declaraciones públicas sobre el tema; las cuales son reafirmación de una práctica arbitraria consolidada, igualmente, violatoria de la libertad de expresión.

**Considerando**

Que la libertad de expresión, en la forma garantizada por la Constitución y por los tratados internacionales de derechos humanos de los cuales Venezuela es parte, no está sujeta a las condiciones que determine un juez y que, de estarlo, dejaría de ser tal libertad.

**Considerando**

Que la orden de detención dictada en contra de Mata Gil y Muñoz por la publicación de un comentario sobre un asunto de legítimo interés público es evidencia del abuso de poder de quien la emitió y que demuestra una falta de respeto por la vida y la salud pública de los ciudadanos;

**Considerando**

Que, siendo la libertad de expresión un valor republicano y un pilar fundamental de todo Estado constitucional democrático, las prácticas arbitrarias y sistemáticas del Poder Público en su contra no hacen otra cosa que evidenciar el afán distópico de un Estado de vocación totalitaria de homogeneizar el pensamiento y silenciar la diversidad de opiniones;

**Considerando**

Que la detención arbitraria de ambos comunicadores sociales constituye un grave atentado contra la libertad personal, la libertad de expresión y la seguridad jurídica, garantizadas en la Constitución y en los tratados internacionales de derechos humanos ratificados por la República y que forman parte de nuestro ordenamiento jurídico.

**ACORDAMOS:**

**PRIMERO**: Condenar enérgicamente este grave atentado contra la libertad personal y la libertad de expresión e información, esta vez encarnado en la escritora Milagros Mata Gil y el poeta Juan Manuel Muñoz.

**SEGUNDO**: Exigir a las autoridades la obligación de adoptar todas las medidas necesarias para respetar y garantizar la vida y salud de las personas sometidas a su jurisdicción, exigiendo a todos el cumplimiento de las normas sanitarias vigentes durante el Estado de Alarma Sanitaria, en particular las normas y medidas de prevención, entre las que destacan evitar la celebración de actos que comprometan la salud pública, realicen prácticas discriminatorias, permitiendo a unos ciudadanos incumplir dichas normas y medidas, mientras el resto de la población se ve sometido a estricta y penosa cuarentena.

**TERCERO**: Notificar el presente Acuerdo, a la Relatoría sobre Libertad de Opinión y Expresión del Consejo de Derechos Humanos de la ONU, a la Secretaría General de la O.E.A., a la Relatoría para la Libertad de Expresión de la Comisión Interamericana de Derechos Humanos y, a nivel interno, al Colegio de Nacional de Periodistas y al Sindicato Nacional de la Prensa.

En Caracas, a los 6 días del mes de abril de 2021.

Dr. Horacio Biord Castillo
Presidente de la Academia Venezolana de la Lengua

Dra. Carole Leal Curiel
Directora de la Academia Nacional de la Historia

Dr. Enrique López Loyo
Presidente de la Academia Nacional de Medicina

Dr. Julio Rodríguez Berrizbeitia
Presidente de la Academia de Ciencias Políticas y Sociales

Dra. Mireya R. Goldwasser
Presidenta de la Academia de Ciencias Físicas, Matemáticas y Naturales

Dra. Sary Levy-Carciente
Presidente de la Academia Nacional de Ciencias Económicas

Ing. Eduardo Buroz
Presidente de la Academia Nacional de la Ingeniería y el Hábitat

VI. **PRONUNCIAMIENTO ANTE EL VACIAMIENTO DE LA LIBERTAD DE EXPRESIÓN EN VENEZUELA** (Se denuncia el progresivo deterioro de la libertad de expresión en Venezuela, destacando detenciones arbitrarias, censura y leyes restrictivas como la "ley del odio" y la regulación de redes sociales. La Academia condena el abuso estatal, exige la eliminación de leyes incompatibles con la Constitución y solicita la intervención de organismos internacionales para proteger este derecho esencial en una democracia.). 08.04.2021.

La Academia de Ciencias Políticas y Sociales ha alertado repetidas veces al país sobre graves violaciones de derechos humanos, que se repiten en forma sistemática, que socavan nuestro sistema de libertades, y que han desmantelado progresivamente nuestra Constitución, la democracia y el Estado de Derecho. Hemos analizado con preocupación la denuncia de tratados internacionales de protección de los derechos humanos, los Informes sobre la situación de los derechos humanos en Venezuela, regularmente elaborados por la Oficina de la Alta Comisionada de Naciones Unidas para los Derechos Humanos, por la Misión de Verificación de Hechos nombrada por el Consejo de Derechos Humanos de Naciones Unidas, por la Organización Internacional del Trabajo, por los relatores especiales del sistema de Naciones Unidas, y por la Comisión Interamericana de Derechos Humanos, así como las sentencias dictadas respecto de Venezuela por la Corte Interamericana de Derechos Humanos (Corte Interamericana), las cuales no han sido acatadas.

En esta ocasión, teniendo en cuenta los episodios más recientes, de la detención arbitraria de una periodista y escritora, así como la de un poeta, por un comentario realizado en un grupo privado -a través de un mensaje de WhatsApp-sobre un asunto de legítimo interés público, al igual que la detención de periodistas que cubrían información en el Estado Apure en la frontera con Colombia, la Academia desea advertir al país de los ataques sistemáticos en contra de la libertad de expresión y de los efectos que estos tienen en nuestro sistema político:

I. Como ha expresado la Corte Interamericana, la libertad de expresión es el pilar fundamental de toda sociedad democrática. Nosotros agregamos que, sin libertad de expresión, la sociedad deja de tener acceso a información de interés público, especialmente sobre la conducta de las autoridades y los funcionarios públicos, sobre los hechos que afectan la salud pública, peligros que nos acechan, sobre el uso que se hace de nuestros recursos públicos, sobre hechos de sangre que enlutan a nuestro pueblo, y sobre las medidas que se están tomando para combatir el crimen y hacer de la nuestra una sociedad más segura.

II. La libertad de expresión es un derecho en sí mismo, tanto en su dimensión individual como en la social; y es además un derecho instrumental para la protección de los demás derechos en una sociedad democrática.

III. Sin libertad de expresión, se cierran los canales para el intercambio de ideas e informaciones de todo tipo, se impide el crecimiento de cada uno de nosotros como personas y se desalienta el desarrollo de la sociedad en su conjunto.

IV. La Ley de Responsabilidad Social de la Radio y la Televisión, seguida del recurso a los delitos de opinión, la "ley del odio", y ahora la anunciada ley para regular el uso de las redes sociales, representan restricciones ilegítimas e indebidas al ejercicio de la libertad de expresión, e innecesarias en una sociedad democrática. Cada una de estas leyes, junto con las vías de hecho de los órganos del Estado, se ha traducido en un cercenamiento progresivo de nuestras libertades públicas y, en particular, de nuestra libertad de expresión, garantizada por los artículos 57 y 58 de la Constitución de la República, por las declaraciones internacionales de derechos humanos y por tratados internacionales válidamente celebrados por la República, que tienen rango constitucional.

V. Siguiendo una práctica que ya tiene casi dos décadas, en uno de los últimos episodios que atañe a la libertad de expresión, que involucró a Milagros Mata Gil y a Juan Manuel Muñoz, se les puso en libertad con medidas cautelares que les impiden referirse al tema por el cual están siendo enjuiciados, lo que constituye una restricción indebida a la libertad de expresión, no prevista en la Constitución y ajena a cualquier fin legítimo. El solo hecho de someterlos a un juicio penal injustificado, representa una restricción indebida y una pena en sí misma.

VI. Con las leyes antes referidas, así como con la práctica de facto de los órganos del Estado, se ha vaciado de contenido la garantía de la libertad de expresión, se ha privado a los ciudadanos del único instrumento que nos permite acceder a la verdad sobre asuntos de interés público, y se ha desmantelado una pieza fundamental del pluralismo político y del funcionamiento de nuestra democracia. Con ello, se nos ha despojado, igualmente, de uno de los mecanismos de control del ejercicio del Poder Público, para poner freno al uso arbitrario del mismo.

VII. Por las consideraciones anteriores, la Academia de Ciencias Políticas y Sociales:

1) Condena, de la manera más categórica, el ejercicio abusivo del Poder Público para silenciar la protesta social y la opinión política disidente;
2) Condena la censura social y política, en cualquiera de sus formas, por ser incompatible con la garantía de la libertad de expresión, con nuestro sistema de valores, y con nuestro ordenamiento jurídico;
3) Manifiesta su profunda preocupación por la intercepción de conversaciones privadas, así como del uso que se haga de ellas por parte del Estado, lo cual, además de violar la libertad de expresión, viola el derecho a la privacidad, y nos somete a la estigmatización e inhibe de participar en un debate franco y abierto sobre asuntos de interés público;
4) Pide a las autoridades nacionales dejar sin efecto las leyes de responsabilidad social de la radio y la televisión, las leyes que tipifican delitos de opinión, la "ley del odio", y cualquiera otra norma de rango legal o sub legal que sea incompatible con la garantía constitucional de la libertad de expresión;
5) Exhorta a las autoridades nacionales a cesar de inmediato toda actividad que obstaculice o restrinja la labor periodística de los medios de comunicación y de las redes sociales, que intimide, atemorice, o inhiba a quienes quieran ejercer su libertad de expresión, o que impida el libre flujo de informaciones e ideas de toda índole;
6) Decide informar al Consejo de Derechos Humanos de Naciones Unidas, a la Oficina de la Alta Comisionada de Naciones Unidas para los Derechos Humanos, al Relator Especial para la libertad de expresión de la ONU, y a la Comisión Interamericana de Derechos Humanos, para que bajo sus mandatos respectivos se mantengan alerta ante cualquier medida que pueda menoscabar aún más la libertad de expresión en Venezuela; y
7) Decide informar a la Misión de Verificación de Hechos designada por el Consejo de Derechos Humanos, para que, bajo su mandato, mantenga un seguimiento a la situación de los derechos humanos en Venezuela, prestando particular atención a los efectos de cualquier restricción al ejercicio de la libertad de expresión de los venezolanos, en el disfrute de sus otros derechos humanos, y en la impunidad por graves violaciones de derechos humanos, incluyendo los crímenes de lesa humanidad.

Dado en Caracas, a los ocho días del mes de abril de 2021.

El Presidente,
Julio Rodríguez Berrizbeitia

El Secretario
Cecilia Sosa Gómez

## VII. **PRONUNCIAMIENTO EL DERECHO AL ACCESO UNIVERSAL DE LA POBLACIÓN VENEZOLANA A LA VACUNACIÓN PARA PREVENIR EL COVID-19 Y LAS OBLIGACIONES DEL ESTADO VENEZOLANO** (Se destaca la obligación del Estado de garantizar el acceso universal, equitativo y gratuito a las vacunas para atender la crisis sanitaria, social y económica en Venezuela agravada por el COVID-19). 13.04.2021.

La pandemia generada por el virus que causa el COVID-19 ha agravado la crisis sanitaria, económica, política y social en Venezuela. Ello ha afectado los derechos humanos de la población cuyo respeto, garantía y protección son una responsabilidad constitucional y una obligación internacional del Estado, como son los derechos a la salud, a la integridad personal, a la vida, al trabajo y a un salario digno, entre otros.

Con ocasión de la pandemia, el Ejecutivo Nacional ha decretado desde el 13 de marzo de 2020 el estado de excepción de alarma en todo el territorio nacional (reeditado cada 30 días). Independientemente de las observaciones realizadas por la Academia en oportunidades anteriores (ver, Pronunciamiento de 10-03-2021), dicho decreto establece que el Ejecutivo Nacional adoptará las medidas urgentes, efectivas y necesarias, de protección y preservación de la salud de la población venezolana, a fin de mitigar y erradicar los riesgos de epidemia relacionados con el COVID-19 y sus posibles cepas, garantizando la atención oportuna, eficaz y eficiente de los casos que se originen.

El derecho a la protección de la salud se establece constitucionalmente como el derecho fundamental a cuidarla y la obligación del Estado de dar seguridad a toda persona de que serán adoptadas todas las medidas para asegurar el derecho a la vida con los avances médicos disponibles, como es en este caso la vacunación de la población para protegerla del virus COVID-19.

A pesar de ello, a más de un año de haberse decretado el estado de alarma, en las últimas semanas se ha reconocido, incluso en fuentes oficiales, un aumento de los casos de personas contagiadas con el COVID-19 y el número de muertes, especialmente desproporcionado en el caso de los trabajadores del sector salud (Venezuela lidera la cifra de muertes de personal sanitario), así como el colapso de hospitales y clínicas, y dificultades en el acceso a medicamentos y equipos médicos.

Un año después del comienzo de la pandemia generada por la COVID-19, el esfuerzo global ha dado como resultado el desarrollo y distribución de vacunas seguras y eficaces avaladas por las autoridades sanitarias competentes. La adquisición y distribución de vacunas seguras y efectivas debe ser una medida urgente para superar la pandemia y salvar las vidas de sus habitantes. De allí la obligación y responsabilidad del Estado venezolano, de llevar a cabo una adquisición adecuada con una distribución justa y equitativa de las vacunas y, en particular, hacerlas accesibles y asequibles de manera universal y transparente y sin discriminación alguna.

No obstante, tanto la Academia Nacional de Medicina como la Academia de Ciencias Físicas, Matemáticas y Naturales, el Colegio de Médicos, expertos médicos y la Conferencia Episcopal Venezolana, han realizado una serie de observaciones y denuncias sobre la conducta del Estado venezolano frente a las necesidades urgentes de vacunación universal de la población venezolana. Venezuela necesita con urgencia para una primera fase inmediata, de 30 millones de dosis de vacunas de calidad comprobada, para lograr una cobertura del 70% de mayores de 16 años, es decir, de al menos 15 millones de personas. Sin embargo, esta meta no ha sido garantizada. En la actualidad se calcula que sólo han ingresado al país aproximadamente 750.000 dosis de vacunas. Mientras tanto, los casos de personas infectadas con el COVID-19 siguen aumentando con consecuencias fatales.

En tal sentido, la Academia decide expresar: 1. Su apoyo a los estudios, pronunciamientos y demás actividades que con dedicación seria y permanente han venido realizando la Academia Nacional de Medicina y la Academia de Ciencias Físicas, Matemáticas y Naturales, en relación con las políticas públicas para enfrentar el COVID-19 en Venezuela; y 2. Su rechazo a cualquier descalificación o amedrentamiento que pudiere recibirse contra las Academias o cualquiera de sus miembros, por los trabajos realizados y las propuestas concretas que han efectuado.

El Marco de valores de la OMS para la asignación de vacunas y el establecimiento de prioridades en la vacunación para prevenir el COVID-19, dispone que el objetivo general de las vacunas es que contribuyan significativamente a la protección equitativa y a la promoción del bienestar humano. Por ello, las vacunas para prevenir este virus deben ser un bien público mundial y regional, y estar al alcance de todas las personas, con equidad y sin discriminación.

En este sentido, las decisiones sobre aprobación, adquisición, distribución y acceso a las vacunas que adopte el Estado venezolano deben estar informadas y regidas por sus obligaciones internacionales en materia de derechos humanos, especialmente por los principios de igualdad y no discriminación. En consecuencia, el acceso universal y equitativo a las vacunas disponibles constituye una obligación de inmediato cumplimiento por parte del Estado venezolano, por lo que las vacunas, tecnologías y tratamientos desarrollados para enfrentar el COVID-19 deben ser considerados como "bienes de salud pública", de libre acceso para todas las personas.

Las limitaciones actuales en la producción y capacidad de oferta de vacunas generan un escenario de escasez que reduce las opciones de adquisición y adjudicación de vacunas entre Estados, por lo cual, ello obliga a desarrollar criterios objetivos para la priorización de grupos dentro de los mismos, sin discriminación alguna, los cuales deben ser adoptados de manera transparente y participativa.

**La Academia, con base en las consideraciones anteriores, responsablemente formula las siguientes exhortaciones públicas:**

1. El Estado venezolano debe asegurar la adquisición transparente y la distribución a las vacunas de calidad certificada para prevenir el COVID-19, a través de su acceso equitativo y universal, absteniéndose de cualquier trato discriminatorio, mediante un ***Plan Nacional de Vacunación*** publicado, elaborado de manera participativa y cuya implementación sea monitoreada.
2. El Estado venezolano debe facilitar y fortalecer la implementación del programa de adquisición de vacunas para prevenir el COVID-19 incluyendo los **mecanismos COVAX, C-TAP y otros mecanismos** que se desarrollen a nivel global y regional, para promover el acceso equitativo a las vacunas y garantizar el intercambio de información y tecnologías.
3. El Estado venezolano debe garantizar en sus planes de vacunación y/o sus políticas públicas, la accesibilidad económica para todas las personas, lo que implica **el acceso universal gratuito a las vacunas**.
4. El Estado venezolano debe **priorizar la inoculación de las personas con mayor riesgo de contagio y a quienes experimentan un mayor riesgo frente a la pandemia**, en tanto es superado el contexto de escasez y las limitaciones en el acceso a las vacunas. Para los criterios y parámetros que el Estado implemente debe tomar en consideración los principios SAGE de la OMS. Dentro de los mismos se incluyen a las personas trabajadoras de la salud, las personas mayores, con discapacidad o con preexistencias médicas que pongan en riesgo su salud; a las personas que por factores sociales, laborales o geográficos subyacentes experimentan un mayor riesgo frente a la pandemia; así como los grupos especialmente vulnerables, incluidas las personas privadas de libertad.
5. El Estado venezolano tiene la obligación de proveer y difundir **información adecuada y suficiente** sobre las vacunas para prevenir el COVID-19. En este sentido, toda vacuna contra el COVID-19 que el Estado vaya a suministrar debe contar con el consentimiento previo, libre e informado de la persona que la recibe.
6. El Estado venezolano debe **salvaguardar los datos personales y la información contenida en los expedientes de salud**, incluida información biográfica y biométrica recolectada por los servicios médicos.
7. El Estado venezolano debe, con sujeción a la obligación de transparencia activa, **divulgar proactivamente aquellos datos referidos a registros, estudios, planes de vacunación** y en general, la información relativa a la adquisición, importación, distribución, priorización, aplicación de vacunas; así como de los procesos y procedimientos de vigilancia y control aplicados.

8. El Estado venezolano tiene la obligación de **prevenir y erradicar la corrupción en el ámbito de la distribución y aplicación de las vacunas, y sancionar cuando las mismas sean utilizadas como dádivas o favores personales y/o políticos**, particularmente en contextos electorales. Igualmente, deben proteger a las personas que denuncien delitos de corrupción en el sector de la salud o en otros.
9. Hacer público este pronunciamiento e informar a la Organización Mundial de la Salud, a la Organización Panamericana de la Salud y a los órganos internacionales especializados en derechos humanos.

Asimismo, tomando en cuenta la **migración forzada de más de cinco millones de venezolanos**, los Estados de acogida deben garantizar el acceso universal y sin discriminación a la vacunación contra el COVID-19 a las personas venezolanas que se encuentran en sus territorios.

En Caracas a los trece días del mes de abril de 2021.

Julio Rodriguez Berrizbeitia
Presidente

Cecilia Sosa Gómez
Secretario

## VIII. **PRONUNCIAMIENTO INTERACADÉMICO SOBRE URGENCIA DE VACUNAS** (Las Academias Nacionales urgen al acceso universal y rápido a las vacunas contra la COVID-19, solicitando una campaña de vacunación que cubra al menos el 70% de la población de manera rápida.). 23.04.2021.

Las Academias Nacionales, cumpliendo con sus deberes legales y en procura y defensa de la salud y los derechos humanos de los venezolanos, se unen al clamor nacional para que se garantice el rápido acceso universal y sin discriminación a las vacunas contra la COVID-19 en Venezuela y se inicie de manera urgente una campaña de vacunación que cubra por lo menos a un 70% de la población en un plazo perentorio.

Consideramos importante la permanencia de la Mesa Técnica Nacional de expertos ya conformada para que se continúe discutiendo la coordinación de la adquisición de vacunas de reconocida eficacia y la conclusión de un Plan Nacional de Vacunación que contemple aspectos críticos (como el almacenamiento, refrigeración y distribución a nivel nacional, la implementación de los centros de vacunación o vacunatorios y lo relativo al personal necesario). El Plan Nacional de Vacunación debe ser elaborado de manera transparente con la participación de expertos y sujeto a un monitoreo constante, siguiendo los protocolos y estándares internacionales establecidos por la Organización Mundial de la Salud (OMS), la Organización Panamericana de la Salud (OPS) y los órganos de derechos humanos de la ONU y la OEA.

Desde el inicio de esta pandemia, la Academia Nacional de Medicina y la Academia de Ciencias Físicas Matemáticas y Naturales han informado y educado en torno a los avances y evidencias científicas sobre la emergencia, propagación, prevención y control del SARS-CoV-2 en el mundo, con especial énfasis en Venezuela.

Particularmente, la Academia Nacional de Medicina ha circulado una serie de boletines durante las últimas semanas que han generado orientaciones para la rápida elaboración y aplicación de un Plan Nacional de Vacunación, basado en el uso de vacunas con reconocida seguridad y eficacia, entre otras recomendaciones pertinentes. Por su parte, la Academia de Ciencias Políticas y Sociales ha emitido un pronunciamiento público sobre el derecho de todas las personas y las obligaciones jurídicas del Estado venezolano de vacunar contra la COVID-19.

Las mejores estrategias para combatir esta pandemia son y seguirán siendo la prevención y la vacunación masiva. Venezuela se encuentra entre los países de Latinoamérica que ha vacunado al menor porcentaje de su población. Se requiere, en consecuencia, acelerar la vacunación en nuestro país. Ello requiere urgentemente la adquisición de vacunas de calidad certificada y su distribución, conforme a un Plan Nacional elaborado de manera transparente, amplia y con criterios técnicos.

Las Academias, en conjunto, le ofrecen a toda Venezuela su experiencia y conocimiento en pro de la rápida vacunación masiva contra la COVID-19.

En Caracas, a los 23 días del mes de abril de 2021.

Dr. Horacio Biord Castillo
Presidente de la Academia Venezolana de la Lengua

Dra. Carole Leal Curiel
Directora de la Academia Nacional de la Historia

Dr. Enrique López Loyo
Presidente de la Academia Nacional de Medicina

Dr. Julio Rodríguez Berrizbeitia
Presidente de la Academia de Ciencias Políticas y Sociales

Dra. Mireya R. Goldwasser
Presidenta de la Academia de Ciencias Físicas, Matemáticas y Naturales

Dra. Sary Levy-Carciente
Presidente de la Academia Nacional de Ciencias Económicas

Ing. Eduardo Buroz
Presidente de la Academia Nacional de la Ingeniería y el Hábitat

IX. **OPINION SOBRE LA NORMATIVA PARA EL REGISTRO UNIFICADO DE SUJETOS OBLIGADOS DICTADA POR LA OFICINA NACIONAL CONTRA LA DELINCUENCIA ORGANIZADA Y FINANCIAMIENTO AL TERRORISMO** (Se denuncia que la Normativa para el Registro Unificado de Sujetos Obligados, dictada por la Oficina Nacional Contra la Delincuencia Organizada y Financiamiento al Terrorismo, viola el principio de legalidad, el derecho al libre desenvolvimiento de la personalidad, el derecho de asociación, e incumple con la obligación de los Estados de proteger los derechos humanos. Además, señalan que ignora los lineamientos del Grupo de Acción Financiera Internacional (GAFI) y viola la Ley de Simplificación de Trámites Administrativos). 20.05.2021.

En fecha 30 de marzo de 2021 fue publicada en Gaceta Oficial la Providencia Administrativa N° ONCDOFT-001-2021, emitida en fecha 22 de febrero de 2021, por la Oficina Nacional Contra la Delincuencia Organizada y Financiamiento al Terrorismo, órgano dependiente del Ministerio del Poder Popular para las Relaciones Interiores, Justicia y Paz, por medio de la cual se estableció una Normativa para el Registro Unificado de Sujetos Obligados, designados como tales de conformidad con la Ley Orgánica Contra la Delincuencia Organizada y Financiamiento al Terrorismo.

El 29 de abril de 2021 fue emitida la Providencia Administrativa N° ONCDOFT-002-2021 , en sustitución de la primera providencia mencionada, publicada en la Gaceta Oficial de fecha 3 de mayo de 2021, indicándose en el Sumario que se trata de una reimpresión por fallas en los originales (pese a que introdujo algunos cambios que no se corresponden con la corrección de errores materiales, que es lo que daría lugar a una reimpresión). Las modificaciones se concretaron en: (a) eliminar la obligación de las ONG´s de informar sobre la identidad de sus beneficiarios, (b) eliminar los plazos para el Registro, (c) eliminar la sanción por incumplimiento de la obligación de registrarse, (d) y la inclusión de una norma derogatoria de las disposiciones que con ella colidan.

La Academia de Ciencias Políticas y Sociales considera que esta Providencia es inconstitucional, inconvencional e ilegal, por cuanto viola el principio de legalidad establecido en el artículo 137 de la Constitución; el derecho al libre desenvolvimiento de la personalidad, el derecho a la libertad consagrado en artículo 20 de la Constitución y en el artículo 7.1 de la Convención Americana de Derechos Humanos (CADH); viola el derecho de asociación previsto en los artículos 52 y 118 de la Constitución y en el artículo 16.1 de la CADH; incumple con la obligación de los Estados de proteger los derechos humanos, según establece el artículo 25 de la Constitución y el 1, numeral 1 de la CADH; viola los lineamientos en la materia fijados en el documento del Grupo de Acción Financiera Internacional (GAFI), de cuyo capítulo del Caribe Venezuela es parte (GAFIC) denominado "Estándares internacionales sobre la lucha contra el lavado de activos, el financiamiento del terrorismo, y el financiamiento de la proliferación de armas de destrucción masiva"; además es ilegal porque viola la Ley Orgánica Contra la Delincuencia Organizada y Financiamiento al Terrorismo, así como las obligaciones de la administración pública frente a los trámites administrativos establecidas en los artículos 10, 11 y 13 de la Ley de Simplificación de Trámites Administrativos.

1. En primer lugar, por tratarse de un acto de carácter sublegal, la Providencia viola el principio de legalidad:

    1.1. Al regular asuntos más allá de la letra de ley o en exceso de lo permitido por ella, ya que contiene regulaciones no previstas en la ley que le sirve de fundamento, violando el límite a la actividad reglamentaria y el rango sublegal. En efecto, la Providencia crea un Registro Unificado para sujetos que no están obligados a ello y pretende extenderlo inclusive a sujetos no regulados por la ley, y a otros que resultan indefinidos (véase artículo 2 de la Providencia).

    1.2. Al conferir a la Oficina Nacional Contra la Delincuencia Organizada y Financiamiento al Terrorismo una competencia que no le corresponde por ley, tal como la de llevar registro unificado de personas naturales o jurídicas.

    1.3. Al distorsionar la naturaleza de los sujetos obligados definidos como tales por la Ley Orgánica Contra la Delincuencia Organizada y Financiamiento al Terrorismo. (v.g. Bancos, Seguros, ONG´s etc.) que bajo la referida Ley son colaboradores para la denuncia de delitos financieros, y los convierte, en su lugar, en sospechosos de incurrir en delitos cometidos por la delincuencia organizada al disponer un registro de sus actividades y de sus agentes, imponiéndole a estos efectos obligaciones distintas a las expresamente enumeradas en la Ley.

    1.4. Al regular también otros asuntos de la reserva legal, tales como, procedimientos y requisitos que deben ser cumplidos por sujetos cuya actividad no se encuentra regulada por ley especial o que no están sometidas a ningún órgano o ente de control.

2. La Providencia viola el derecho al libre desenvolvimiento de la personalidad y el derecho a la libertad consagrado en artículo 20 de la Constitución y en el artículo 7.1 de la CADH, cuando establece desproporcionada e injustificadamente exigencias a las ONG´s y otros sujetos y los convierte en sujetos controlados mediante este Registro, limitando su ámbito de libertad, lo cual es materia de la Ley.

3. La Providencia viola el derecho de asociación previsto en los artículos 52 y 118 de la Constitución y en el artículo 16.1 de la CADH, al tergiversar la naturaleza libre, autónoma e independiente de las asociaciones sin fines de lucro y someterlas al permiso previo y al control del Estado.

4. La Providencia además incumple con la obligación del Estado de proteger y garantizar el ejercicio libre y pleno de los derechos humanos sin discriminación alguna en ningún ámbito, desde que se inscribe en una política del Estado que ha sido denunciada por las ONG´s de limitarlas, controlarlas y entrabar su funcionamiento en las distintas materias, entre ellas, las de protección de los derechos humanos y otras áreas de ayudas que cubren las deficiencias del gobierno en la atención de los problemas fundamentales de su población, exponiendo, de una parte, las prácticas oficiales de desconocimiento de los derechos humanos, y las políticas populistas que como tales no se concretan en las soluciones esperadas, todo ello en violación de lo dispuesto en el artículo 25 de la Constitución y el 1, numeral 1 de la CADH.
5. La Providencia ignora los lineamientos dispuestos por el GAFI en el documento denominado "Estándares internacionales sobre la lucha contra el lavado de activos, el financiamiento del terrorismo, y el financiamiento de la proliferación de armas de destrucción masiva", el cual si bien establece la posibilidad de los gobiernos de disponer ciertos controles sobre las organizaciones sin fines de lucro, con el fin de promover la transparencia de su información y así prevenir el abuso de dichas organizaciones para el financiamiento del terrorismo, prevé que no se trate de una práctica que impida su funcionamiento ni la consecución de sus fines, e inclusive, dispone que no es necesario contar con requisitos específicos de autorización o de registro.
6. Por último, la Providencia es violatoria de la Ley de Simplificación de Trámites Administrativos por cuanto establece un registro unificado de sujetos obligados, acompañado de una serie de exigencias administrativas innecesarias, excesivas y adicionales a las ya previstas en la Ley que no hacen sino entorpecer la función administrativa. Además, la Providencia viola el principio de cooperación interorgánica, pues desconoce que los entes y órganos de control ya cuentan con la competencia de tener en su poder los registros y datos necesarios para su control y no la ONDOFT.

Por todas las razones antes expuestas, la Academia de Ciencias Políticas y Sociales considera que la Providencia es nula y no surte efectos jurídicos válidos.

El Presidente,
Julio Rodríguez Berrizbeitia

El Secretario,
Cecilia Sosa Gómez

## X. PRONUNCIAMIENTO INTERACADEMICO A LOS RECIENTES ANUNCIOS SOBRE LA VACUNACIÓN CONTRA EL SARS-COV-2

(Las Academias Nacionales de Venezuela expresan su preocupación por el uso del candidato vacunal cubano "Abdala" en la vacunación contra el SARS-CoV-2. Señalan que es experimental y no cuenta con la aprobación de organismos internacionales como la OMS ni agencias regulatorias nacionales, ni con evaluación por pares.). 30.06.2021.

Las Academias nacionales manifiestan su preocupación ante la anunciada utilización de un candidato vacunal denominado "Abdala" en jornadas de vacunación convocadas a través de los canales y redes del Estado para llevar a cabo la inmunización del pueblo venezolano.

El candidato vacunal de desarrollo y fabricación cubana, denominado "Abdala" no cuenta aún con la aprobación por los organismos internacionales competentes en la materia, como la Organización Mundial de la Salud (OMS) ni de ninguna otra agencia regulatoria de medicamentos en el país, como tampoco de la evaluación por pares internacionalmente reconocidos. Por tratarse de un producto experimental, no debe aplicarse a la población general, ya que no hay información de su eficacia en la protección contra el SARS-COV-2 así como tampoco su inocuidad.

De acuerdo a los protocolos universalmente aceptados y aprobados por comités de bioética, el uso de productos experimentales solo puede hacerse en grupos pequeños de personas que han dado libremente por escrito su consentimiento, después de ser informados sobre los riesgos,

El empleo del candidato vacunal "Abdala" en el programa de vacunación en Venezuela, anunciado por el gobierno, a través de la Vicepresidencia ejecutiva, al suscribir un contrato con Cuba, destinado a la adquisición de 12 millones de dosis, viola los más elementales principios éticos, y desacata un plan de vacunación que se ha insistido se debe elaborar con la asesoría de las academias, instituciones especializadas y expertos en la materia, en conjunto con la OPS. Estos esfuerzos han sido infructuosos tal y como se constata de los resultados de la mesa técnica. Adicionalmente esta situación desacata el marco regulatorio legal vigente en el país.

La grave situación de la pandemia en nuestro país demanda un plan de vacunación masiva con productos de eficacia comprobada, como único recurso para frenar el gran número de complicaciones y muertes que está ocasionando actualmente la pandemia COVID-19.

En Caracas, a los treinta días del mes de junio de 2021.

Dr. Horacio Biord Castillo
Presidente de la Academia Venezolana de la Lengua

Dra. Carole Leal Curiel
Directora de la Academia Nacional de la Historia

Dr. Enrique López Loyo
Presidente de la Academia Nacional de Medicina

Dr. Julio Rodríguez Berrizbeitia
Presidente de la Academia de Ciencias Políticas y Sociales

Dra. Mireya R. Goldwasser
Presidente de la Academia de Ciencias Físicas, Matemáticas y Naturales

Dra. Sary Levy-Carciente
Presidente de la Academia Nacional de Ciencias Económicas

Ing. Eduardo Buroz
Presidente de la Academia Nacional de la Ingeniería y el Hábitat

XI. **COMUNICADO DE LA ACADEMIA DE CIENCIAS POLÍTICAS Y SOCIALES ANTE EL DICTAMEN DE LA ONU CASO BREWER-CARÍAS** (La Academia celebra el dictamen de la ONU que reconoce las violaciones de derechos humanos contra Allan Brewer-Carías por Venezuela, tras ser acusado injustamente en 2005 por emitir una opinión legal en 2002. Resalta la importancia de la justicia internacional ante la falta de independencia judicial en Venezuela y pide reformas para garantizarla.). 17.12.2021.

**Considerando**

Que el académico Dr. Allan Brewer-Carías es una de las figuras más importantes del Derecho público venezolano, hispanoamericano y comparado, quien ha contribuido a través de la investigación, docencia y publicación al desarrollo de las ciencias jurídicas a nivel mundial y al fortalecimiento de la democracia y el Estado de Derecho.

**Considerando**

Que con base en una imputación carente de todo fundamento, se dio inicio en Venezuela a una persecución política implacable en contra del Dr. Allan Brewer-Carías, quien es un distinguido individuo de número de esta Academia de Ciencias Políticas y Sociales desde el 3 de noviembre de 1978, en un procedimiento en abierta violación a las más elementales garantías del debido proceso.

**Considerando**

Que en enero de 2005, el académico Dr. Allan Brewer Carías fue acusado penalmente de "conspiración para alterar la Constitución por medios violentos" alegándose que había sido consultado tres años antes, el 12 de abril de 2002, y haber entonces expresado su opinión jurídica como abogado -en forma contraria- al contenido de un decreto para un gobierno de transición. Y que en los meses siguientes, durante el proceso penal, todos los fiscales y jueces implicados en su caso fueron nombrados con carácter provisorio o temporal, y varios fueron suspendidos tras sus decisiones a favor de Brewer-Carías.

**Considerando**

Que en el año 2006, luego de su salida al exterior para dictar clases en la Universidad de Columbia en USA, fue dictada una orden de detención en contra del académico Dr. Allan Brewer-Carías, lo cual le ha impedido regresar a Venezuela para no verse expuesto a los daños irreparables que conllevaría una detención arbitraria y el consiguiente atropello de su integridad física y moral.

**Considerando**

Que el 15 de diciembre de 2021 el Comité de Derechos Humanos de la ONU ("el Comité") hizo pública su decisión en el caso "Allan Brewer Carías vs Venezuela", estableciendo que el Estado venezolano violó sus derechos humanos a ser juzgado por un tribunal independiente, a la presunción de inocencia y a disponer de un recurso efectivo para la protección de sus derechos y garantías, consagrados en el artículo 14 del Pacto Internacional de Derechos Civiles y Políticos del que Venezuela es parte ("Pacto").

**Considerando**

Que en virtud de las violaciones establecidas, el Comité dispuso que el Estado venezolano está obligado a llevar a cabo la reparación integral al académico Dr. Allan Brewer-Carías, adoptando, inter alia, las siguientes medidas: "a) declarar la nulidad del proceso contra el autor, dejando sin efecto la orden de detención preventiva contra este; b) en caso de que se inicie un nuevo proceso contra el autor, asegurar que este cumpla con todas las garantías del debido proceso previstas en el artículo 14 del Pacto y con acceso a recursos efectivos de conformidad con el artículo 2, párrafo 3; y c) conceder al autor una indemnización adecuada. El Estado parte tiene también la obligación de evitar que se cometan violaciones semejantes en el futuro."

**Acuerda:**

1. Manifestar el júbilo de esta Corporación con ocasión del dictamen del Comité de Derechos Humanos de la ONU, que hizo justicia ante las violaciones a los derechos humanos del académico Dr. Allan Brewer-Carías; e insta al Estado venezolano a dar cumplimiento a las reparaciones integrales requeridas por el Comité. Asimismo, repudiar los más de 15 años de violaciones a los derechos civiles y políticos que ha sufrido el académico Dr. Allan Brewer-Carías.

2. Reiterar la importancia de esta decisión de la ONU no solo para hacer justicia en el caso concreto, sino para que ante la ausencia de independencia de la justicia en Venezuela, se adopten las medidas integrales y estructurales necesarias para establecer la independencia de los jueces y fiscales,

como una obligación jurídica internacional del Estado venezolano, por ser un elemento esencial para un Estado de Derecho y una democracia.

3. Reiterar la confianza de esta Corporación en el sistema de justicia internacional como una garantía fundamental para el respeto y la protección de los derechos humanos en Venezuela, y para la consiguiente reparación de las violaciones causadas.

Dado, firmado y sellado en la ciudad de Caracas, a los diecisiete (17) días del mes de diciembre de dos mil veintiuno.

El Presidente
Julio Rodríguez Berrizbeitia

El Secretario
Cecilia Sosa Gómez

## XII. **LA ACADEMIA DE CIENCIAS POLÍTICAS Y SOCIALES DE VENEZUELA ANTE EL PROYECTO DE LEY CONTRA EL FASCISMO, NEOFASCISMO Y OTRAS EXPRESIONES SIMILARES** (Se denuncia que el proyecto de ley restringiría indebidamente el debate democrático de ideas, recortando el espacio cívico y abriendo cauces para la persecución de personas u organizaciones. La propuesta contraviene principios constitucionales y derechos humanos, vulnerando los derechos políticos de asociación y participación.). 07.05.2024.

En el contexto de las preocupaciones surgidas a raíz del "Proyecto de Ley contra el fascismo, neofascismo y expresiones similares", la Academia de Ciencias Políticas y Sociales de Venezuela desea expresar su posición respecto a los contenidos y las implicaciones de este proyecto de ley. Estimamos que este proyecto de ley, de resultar sancionado, restringiría indebidamente las posibilidades para el debate democrático de ideas, recortaría el espacio cívico y abriría cauces para la persecución de personas u organizaciones a causa de las opiniones que se puedan profesar y expresar.

En especial, queremos advertir sobre los siguientes problemas jurídicos de que adolece el texto:

1. Ambigüedad legislativa y criminalización de doctrinas: Observamos con preocupación que el proyecto de ley contiene una redacción ambigua y una definición imprecisa y genérica, en aspectos inexacta, del fascismo, la cual abarca una gama de doctrinas y posturas políticas que no necesariamente se corresponden con el fascismo históricamente reconocido. Este enfoque puede llevar a la criminalización de ideologías y opiniones que, aunque no se compartan, son parte del pluralismo democrático que deben ser protegidas en atención a los derechos de libertad de conciencia, pensamiento y expresión en una sociedad democrática.

La ambigüedad en la descripción de los tipos penales y los agravantes especiales propuestos, lesionan abiertamente el principio de legalidad de los delitos y las penas, reconocida constitucionalmente, vulnerando la exigencia de lex certa, como garantía de la seguridad jurídica.

2. Proscripción de ideas y peligro para la democracia: El intento de legislar contra ciertas posiciones políticas o filosóficas, identificándolas incorrectamente con el fascismo -como el neoliberalismo, el conservadurismo moral y otras formas de pensamiento- constituye una proscripción de ideas que va en detrimento de la pluralidad y el debate abierto, fundamentales para una democracia robusta, saludable y duradera. Este tipo de legislación pone en riesgo las libertades de conciencia, opinión, expresión, asociación, manifestación y participación, pilares de nuestro ordenamiento jurídico y democrático.

3. Inconstitucionalidad y riesgo de vulneración de derechos humanos: La propuesta contraviene principios y valores fundamentales consagrados en la Constitución de la República Bolivariana de Venezuela y en instrumentos internacionales, tales como el pluralismo político y los derechos humanos. Prohibir o sancionar la difusión de ciertas ideas a través de medios de comunicación y otros foros es, en esencia, una forma de censura incompatible con un sistema democrático.

4. Cercenamiento indebido de derechos políticos y de la libertad de asociación: Se otorgan poderes al Consejo Nacional Electoral y a la Sala Constitucional del Tribunal Supremo de Justicia para cancelar el registro o disolver organizaciones políticas, respectivamente, lo cual, sobre todo por la vaguedad e inexactitud normativa antes comentada, vulnera los derechos políticos de asociación y participación. Además, se prevé una forma de "inhabilitación" política contraria a la Constitución y a los instrumentos internacionales sobre derechos humanos, pues esta sanción está expresa y taxativamente reservada a una condena penal dictada conforme a la legislación y al debido proceso judicial, mediante sentencia definitivamente firme. Adicionalmente, se establece la posibilidad de disolver organizaciones sociales mediante procedimientos expeditos, bajo supuestos normativos imprecisos que dan lugar a interpretaciones subjetivas, lo cual puede ser utilizado para reprimir el pensamiento crítico y restringir el espacio cívico.

Llamado al diálogo y al replanteamiento de la propuesta normativa: Instamos a reconsiderar la intención de promover este proyecto de ley, mediante la preparación de propuestas que propugnen la paz, un debate abierto y el pluralismo político, sin recurrir a la penalización del pensamiento. Proponemos un diálogo inclusivo con todos los sectores de la sociedad para asegurar que las nuevas legislaciones fortalezcan nuestro tejido democrático y no lo debiliten.

Desde la Academia de Ciencias Políticas y Sociales de Venezuela, reiteramos nuestro compromiso con la defensa del pluralismo, la tolerancia y los derechos humanos, pilares de una sociedad democrática y pacífica. Es imperativo que las leyes fomenten el entendimiento mutuo y la coexistencia de diversas visiones políticas, dentro de un marco democrático de respeto y diálogo constructivo.

En Caracas, a los siete días del mes de mayo del año dos mil veinticuatro.

Presidente
Luciano Lupini Bianc

1er. Vicepresidente
Rafael Badell Madrid

2do. Vicepresidente
Cecilia Sosa Gómez

Secretario
Gerardo Fernández Villegas

Tesorero
Salvador Yannuzzi Rodríguez

Bibliotecario
Juan Cristóbal Carmona Borja

XIII. **DECLARACIÓN DE LAS ACADEMIAS NACIONALES SOBRE LOS DERECHOS HUMANOS** (Se manifiesta preocupación por la situación de los derechos humanos en Venezuela tras las elecciones del 28 de julio de 2024. Se condena la persecución política y las detenciones arbitrarias. Se hace un llamado a las autoridades para garantizar el respeto a los derechos humanos y liberar a los detenidos arbitrariamente.). 23.10.2024.

Las Academias Nacionales, en cumplimiento de nuestro deber de velar por los valores fundamentales de la sociedad y de pronunciarnos públicamente sobre asuntos de la mayor trascendencia que afectan la convivencia pacífica y el desarrollo armónico de la nación, emitimos la presente declaración conjunta en los siguientes términos:

**Considerando**

Que los derechos a la vida, a la libertad y a la integridad personal, así como a la libertad de reunión, expresión, manifestación, asociación pacífica y participación política, son derechos humanos reconocidos en la Constitución de la República Bolivariana de Venezuela, así como en los instrumentos internacionales sobre derechos humanos que el Estado está en la obligación de garantizar.

Que tanto el Alto Comisionado de las Naciones Unidas para los Derechos Humanos y diversos relatores de esa instancia como la Comisión Interamericana de Derechos Humanos, han expresado su preocupación por la situación actual de los derechos humanos en nuestro país.

**Declaramos:**

Nuestra preocupación ante los recientes acontecimientos que han sido objeto de denuncias documentadas por parte de diversas organizaciones de la sociedad civil y de organismos internacionales, especialmente en el contexto posterior a las elecciones presidenciales del 28 de julio de 2024.

Nuestra profunda preocupación ante las acciones de persecución política, las cuales son incompatibles con el pluralismo democrático y representan una grave violación de los derechos humanos. Reafirmamos categóricamente que, en una sociedad democrática, la diversidad de opiniones políticas no solo debe ser tolerada, sino activamente protegida y fomentada.

Nuestro rechazo a las detenciones arbitrarias masivas, las cuales contravienen los principios fundamentales del Estado de Derecho y los tratados internacionales de los cuales el Estado venezolano es parte. Repudiamos las detenciones de menores de edad, y la circunstancia de que se les pretende imputar delitos graves sin el debido proceso.

El ejercicio del derecho a la manifestación pacífica no debe ser criminalizado ni reprimido. Este derecho es fundamental para el funcionamiento de una sociedad democrática y su restricción solo puede darse bajo condiciones muy específicas y limitadas, según lo establecen la propia Constitución y los instrumentos internacionales de derechos humanos.

Hacemos un llamado a las autoridades competentes del Estado, para que:

a) Garanticen el respeto al ejercicio de la soberanía popular, como lo establece el artículo 5 de la Constitución de la República Bolivariana de Venezuela;

b) Garanticen el respeto del derecho a la libertad de expresión y a la manifestación pacífica de todos los ciudadanos, sin restricciones arbitrarias, y especialmente sin someterlos indebidamente a procesos penales;

c) Garanticen el pleno respeto a la libertad personal y a la integridad física y psicológica de todas las personas, con especial atención a los menores de edad; y, por lo tanto, liberen de inmediato a todas las personas detenidas arbitrariamente en el contexto de las manifestaciones poselectorales, con particular urgencia en el caso de los menores de edad;

d) Aseguren plenamente el debido proceso legal de todos quienes se encuentren bajo investigación judicial, respetando sus derechos fundamentales.

Las Academias Nacionales, fieles a nuestra misión de salvaguardar los valores democráticos y fomentar la convivencia armónica en la sociedad, hacemos un llamado a todas las instituciones del Estado, para que se respeten, garanticen y protejan los derechos humanos de toda la población, recordando que la paz y la estabilidad solo pueden alcanzarse en un marco de pleno respeto a las libertades fundamentales, al Estado de Derecho y a la voluntad popular expresada a través de mecanismos democráticos.

En Caracas, a los 23 días del mes de octubre de 2024.

Academia Venezolana de la Lengua
Academia Nacional de la Historia
Academia Nacional de Medicina
Academia de Ciencias Políticas y Sociales
Academia de Ciencias Físicas, Matemáticas y Naturales
Academia Nacional de Ciencias Económicas
Academia Nacional de la Ingeniería y el Hábitat

## XIV. PRONUNCIAMIENTO SOBRE EL TRATO A LOS INMIGRANTES VENEZOLANOS EN ESTADOS UNIDOS DE AMÉRICA

(Preocupación por el trato a inmigrantes venezolanos en EE. UU; La Academia condena cualquier discurso o práctica que fomente la xenofobia y la discriminación basada en estereotipos negativos; Se exhorta al gobierno de Estados Unidos a asegurar procesos migratorios transparentes y justos) (19.05.25)

La Academia de Ciencias Políticas y Sociales sigue con preocupación los acontecimientos relacionados con el tratamiento de los inmigrantes venezolanos en Estados Unidos de América. Estados Unidos es una nación construida por sucesivas olas de inmigración. A lo largo de los siglos, inmigrantes de diversas partes del mundo han contribuido de manera fundamental al desarrollo económico, social y cultural de ese país, a través del trabajo honesto y la integración productiva. En este contexto, observamos con alarma la tendencia a estigmatizar y criminalizar a la comunidad inmigrante venezolana en su conjunto, asociándola de manera generalizada con actividades delictivas como las de la banda criminal "Tren de Aragua". Consideramos que esta generalización es incorrecta, injusta, peligrosa y no refleja la realidad de la gran mayoría de los venezolanos que han emigrado y son personas honestas ajenas a la actividad criminal. La Academia condena cualquier discurso o práctica que fomente la xenofobia y la discriminación basada en estereotipos negativos y en virtud de los principios universales sobre derechos humanos y la propia tradición histórica de Estados Unidos, exhortamos al gobierno de ese país a garantizar un trato digno, humano y justo a todos los inmigrantes venezolanos. Esto implica asegurar procesos migratorios transparentes y justos, proteger sus derechos fundamentales, y diferenciar claramente entre individuos y organizaciones criminales, cuya existencia no debe ser ignorada por las autoridades venezolanas quienes en el ámbito de sus competencias deben también actuar para que la acción de la justicia sea la llamada a aplicar las sanciones correspondientes con respeto de los derechos fundamentales al debido proceso, defensa y demás garantías de un juicio. Es la justicia, en todo caso, la que debe determinar su condición de responsabilidad o inocencia. Es esencial evitar discursos y políticas que pongan en riesgo la integridad y la seguridad de la población migrante inocente. Desde la Academia de Ciencias Políticas y Sociales reafirmamos nuestro compromiso con el análisis riguroso de los fenómenos jurídicos, sociales y políticos, y con la defensa de los valores democráticos y los derechos humanos. Hacemos un llamado a la reflexión serena y basada en datos, lejos de la simplificación y la estigmatización, para abordar los desafíos de la migración de manera constructiva y humana.

Caracas, 19 de mayo de 2025

Rafael Badell Madrid Presidente
Salvador Yannuzzi Rodríguez Secretario
Cecilia Sosa Gómez Primer Vicepresidente
Juan Cristóbal Carmona Borjas Tesorero
Juan Carlos Pró-Rísquez Bibliotecario

# SEGUNDA PARTE
# PRINCIPIOS DE SEPARACIÓN DE PODERES, CONSTITUCIONALIDAD Y LEGALIDAD

XV. **PRONUNCIAMIENTO DE LA ACADEMIA DE CIENCIAS POLÍTICAS Y SOCIALES SOBRE EL ERROR JURÍDICO INEXCUSABLE COMETIDO EN LA SENTENCIA DE LA SALA DE CASACIÓN CIVIL QUE DECLARA QUE LA CONVENCIÓN INTERAMERICANA SOBRE EFICACIA EXTRATERRITORIAL DE LAS SENTENCIAS Y LAUDOS ARBITRALES EXTRANJEROS "DEJÓ DE SURTIR EFECTOS" EN VENEZUELA** (Se denuncia el error jurídico inexcusable de la Sala de Casación Civil y la arbitrariedad en la desaplicación de la convención interamericana sobre eficacia extraterritorial sentencias y laudos arbitrales extranjeros. Se destaca que los Derechos Humanos son imperativos pese a la denuncia de la Convención Interamericana). 06.08.2019.

La Academia de Ciencias Políticas y Sociales ha tomado conocimiento de la sentencia de fecha 30 de mayo de 2019, dictada por la Sala de Casación Civil del Tribunal Supremo de Justicia (SCC-TSJ) bajo ponencia de la magistrada Vilma María Fernández González, en la cual, al decidir una solicitud de exequátur de una sentencia emitida por un tribunal competente de la República de Ecuador, declaró que la Convención Interamericana sobre Eficacia Extraterritorial de las Sentencias y Laudos Arbitrales Extranjeros (Convención Interamericana) "dejó de surtir sus efectos en nuestro País". En cumplimiento de sus obligaciones legales y reglamentarias, esta Academia considera su deber alertar a la comunidad nacional e internacional, sobre el grave efecto que dicha declaración judicial, basada en un error jurídico inexcusable, tiene sobre la seguridad jurídica en Venezuela y en el exterior. En efecto, la referida sentencia de la Sala de Casación Civil declaró la terminación de la vigencia jurídica de la Convención Interamericana, en los siguientes términos:

Si bien, nuestra República tiene suscrito con la República del Ecuador esta Convención para el reconocimiento y ejecución de sentencias, no es menos cierto que, la República Bolivariana de Venezuela, formalizó su retiro definitivo de la Organización de Estados Americanos, mediante carta de fecha 27 de abril del año 2019, dirigida a dicha organización, por lo que en consecuencia, la Convención Interamericana sobre Eficacia Extraterritorial de las Sentencias y Laudos Arbitrales Extranjeros, celebrada en la ciudad de Montevideo, Uruguay en 1979, avalada por el departamento de derecho internacional de la Organización de Estados Americanos, dejó de surtir sus efectos en nuestro País. La Convención Interamericana sobre Eficacia Extraterritorial de las Sentencias y Laudos Arbitrales Extranjeros fue suscrita en la ciudad de Montevideo, Uruguay el 8 de mayo de 1979, con ocasión de la Segunda Conferencia Especializada Interamericana sobre Derecho Internacional Privado, en la cual participaron dos excelentes juristas venezolanos, quienes fueron individuos de número de esta Academia de Ciencias Políticas y Sociales: Gonzalo Parra Aranguren en representación de Venezuela y Tatiana B. de Maekelt como consultor jurídico de la Organización de Estados Americanos (OEA). Dicha Convención Interamericana fue aprobada por Venezuela mediante Ley Aprobatoria de 11 de enero de 1985 y el instrumento de su ratificación fue depositado el 28 de febrero de ese mismo año. Conforme al artículo 11 de la Convención Interamericana, dicho instrumento que había entrado en vigor el 14 de junio de 1980, entró en vigor para Venezuela treinta días después de depositado el respectivo instrumento de ratificación ante la Secretaría General de la Organización de los Estados Americanos.

En efecto, conforme a los principios de Derecho internacional contenidos en la Convención de Viena sobre el Derecho de los Tratados, "la terminación de un tratado o el retiro de una parte podrán tener lugar: a) conforme a las disposiciones del tratado o b) en cualquier momento, por consentimiento de todas las partes después de consultar a los demás Estados contratantes." (Art. 54). La Convención Interamericana contiene las disposiciones propias que rigen su terminación. Así, de conformidad con su artículo 13, si bien ésta "regirá indefinidamente", cualquiera de los Estados Partes podrá denunciarla depositando el instrumento de denuncia en La Secretaría General de la Organización de los Estados Americanos; y transcurrido un año, contado a partir de la fecha de depósito del instrumento de denuncia, la Convención Interamericana cesará en sus efectos para el Estado denunciante, quedando subsistente para los demás Estados Parte. Ahora bien, cuando algún Estado Parte de la Convención Interamericana deposite formalmente el instrumento de su denuncia, "[l]a Secretaría General de la Organización de los Estados Americanos notificará a los Estados Miembros de dicha Organización y a los Estados que hayan adherido a la Convención" (art. 14).

En razón de lo anterior, esta Convención Interamericana se mantiene en vigor y plena vigencia jurídica, en virtud de no haber sido denunciada por Venezuela, conforme a las normas del Derecho internacional y las disposiciones del propio tratado.

En el presente caso, la República Bolivariana de Venezuela a través de sus órganos competentes, no ha procedido a denunciar la Convención Interamericana, por lo cual, este instrumento está en plena vigencia y surte todos sus efectos jurídicos. En efecto, en el sitio web oficial de la Secretaría General de la Organización de los Estados Americanos relativo a los Tratados Interamericanos adoptados en el marco de la Organización de los Estados Americanos a través del Departamento de Derecho Internacional de la OEA (http://www.oas.org/juridico/spanish/firmas/b-41.html), aparece dicha Convención Interamericana como plenamente vigente y sin que Venezuela haya presentado ningún instrumento relativo a su denuncia.

La Sala de Casación Civil se sustenta en la falsa premisa de que la pérdida de la vigencia de la Convención Interamericana habría ocurrido automáticamente, por el solo hecho de que "la República Bolivariana de Venezuela, formalizó su retiro definitivo de la Organización de Estados Americanos, mediante carta de fecha 27 de abril del año 2019". Ello constituye un error jurídico inexcusable, ya que la propia Convención Interamericana contiene sus propias disposiciones especiales sobre su terminación mediante denuncia expresa del tratado en sus artículos 13 y 14; y entre éstas, no está incluida la denuncia de la Carta de la OEA. Por lo cual, es jurídicamente un error asumir que la simple denuncia de la Carta de la OEA haya producido automáticamente la terminación de la vigencia de la Convención Interamericana.

En todo caso, como es del conocimiento público, nacional e internacional, mediante los Acuerdos adoptados por la Asamblea Nacional de fechas 22 de enero de 2019 y 2 de mayo de 2017, se dispuso y luego se ratificó, respectivamente, que "la supuesta denuncia de la Carta de la Organización de los Estados Americanos (OEA), formulada arbitrariamente por Nicolás Maduro Moros, es jurídicamente inexistente y no produce efectos jurídicos". En consecuencia, estos Acuerdos parlamentarios expresaron formalmente la decisión del Estado venezolano, de dejar sin efecto la supuesta denuncia de la Carta de la OEA, a los fines de que Venezuela se mantenga como Estado Parte de esa Organización.

El Presidente de la Asamblea Nacional y Presidente Encargado de la República Bolivariana de Venezuela, Juan Guaidó, mediante comunicación de fecha 8 de febrero de 2019, dirigida al Secretario General de la Organización de Estados Americanos (OEA), Sr. Luis Almagro, en el marco de lo previsto en los artículos 233, 236.4, 152 y 333 de la Constitución de la República Bolivariana de Venezuela y con fundamento en lo previsto en el artículo 14 del Estatuto que rige la Transición a la Democracia para Restablecer la Vigencia de la Constitución, le informó la decisión del Estado venezolano, de dejar sin efecto la supuesta denuncia de la Carta de la OEA, a los fines de que Venezuela se mantenga como Estado Parte de esa Organización. Esta comunicación se encuentra publicada por la Oficina del Secretario General y disponible en el sitio web sobre el estado de las ratificaciones de la Carta de la OEA: http://www.oas.org/es/sla/ddi/docs/a-41_nota_Juan_Guaido_03-7-2019.pdf.

Por lo cual, Venezuela sigue además siendo un Estado Miembro de la OEA en virtud de la decisión dejar sin efecto la supuesta denuncia de la Carta de la OEA, conforme a la decisión adoptada por los Acuerdos de la Asamblea Nacional de fechas 22 de enero de 2019 y 2 de mayo de 2017 y, la subsiguiente comunicación de fecha 8 de febrero de 2019 dirigida al Secretario General de la OEA, Sr. Luis Almagro, por el Presidente de la Asamblea Nacional y Presidente Encargado de la República Bolivariana de Venezuela, Juan Guaidó.

De esta forma, como quedó dicho supra, en todo caso, el eventual retiro de Venezuela de la Organización de Estados Americanos (OEA), no ocasionaría ope iuris o de manera automática, la pérdida de la vigencia de los demás tratados suscritos y ratificados válidamente por Venezuela en el marco de la OEA. En tal supuesto, siempre habría que atender a los mecanismos de denuncia establecidos en cada tratado, con las limitaciones establecidas en la Constitución, particularmente respecto a los tratados sobre derechos humanos.

Por los motivos jurídicos antes expuestos, esta Academia ratifica, que la Convención Interamericana se mantiene en pleno vigor y vigencia jurídica, surtiendo sus efectos en el país, en virtud de no haber sido denunciada por Venezuela, conforme a las normas del Derecho internacional y las disposiciones de ese tratado. En consecuencia, la afirmación contenida en la sentencia dictada por la Sala de Casación Civil del Tribunal Supremo de Justicia, según la cual la Convención Interamericana sobre Eficacia Extraterritorial de las Sentencias y Laudos Arbitrales Extranjeros "dejó de surtir sus efectos en nuestro País" constituye un error jurídico inexcusa le que atenta gravemente contra la integridad del ordenamiento jurídico y la seguridad jurídica, tanto nacional como internacional.

En Caracas, a los 06 días del mes de agosto de 2019.

Humberto Romero Muci
Presidente

Rafael Badell Madrid
Secretario

XVI. **PRONUNCIAMIENTO DE LAS ACADEMIAS NACIONALES ANTE LOS GRAVES ATENTADOS CONTRA LA SOBERANÍA E INSTITUCIONALIDAD DE LA ASAMBLEA NACIONAL** (Se rechazan los actos del 5 de enero de 2020 en el Palacio Federal Legislativo, donde se negó ilegalmente el acceso a diputados a la cámara y pretender desconocer la Junta Directiva legítima de la Asamblea Nacional; Se condenan las violaciones a la institucionalidad, los derechos políticos y se reafirma el derecho de los venezolanos a la democracia. Se insta al respeto de los principios democráticos.). 08.01.2020.

Las Academias Nacionales en cumplimiento de los fines que les señalan las leyes de su creación y, sus miembros, en acatamiento de sus conciencias como miembros de las mismas, hacen público su rechazo a una nueva violación de la institucionalidad en el país. Repudiamos sin ambages los hechos acaecidos en el Palacio Federal Legislativo el día 05 de enero de 2020, con ocasión de la elección de la nueva Junta Directiva de la Asamblea Nacional para el periodo 2020-2021.

Es un hecho público que al presidente de la Asamblea Nacional y a muchos otros diputados les fue negado ilegalmente, por los organismos de seguridad del Estado, el acceso al Palacio Federal Legislativo. Ello no impidió que se instalara legítimamente la Junta Directiva de la Asamblea Nacional, aunque no fuera en su espacio natural. En su lugar, se pretendió establecer una nueva Junta Directiva violando los procedimientos establecidos en la normativa legal. Además, se agredió con violencia a algunos diputados, incurriendo en flagrante desafuero.

Acciones como estas, claramente al margen de la legalidad, son indignas de un país democrático y deben ser rechazadas de manera inequívoca por la ciudadanía y por las instituciones que aún mantienen su integridad moral.

Las academias Nacionales reconocen la legitimidad constitucional de la Junta Directiva de la Asamblea Nacional, presidida por el diputado Juan Guaidó, y su condición de presidente encargado de la República y rechazan, por inconstitucional, cualquier tesis de que existen dos Juntas Directivas de la Asamblea Nacional.

Por preciarnos de ser un país que, hasta hace unos pocos lustros, mantuvo un sólido sistema democrático como forma de vida política y dio ejemplos de civilidad; por el respeto que debemos a los fundadores de nuestra nacionalidad; por el compromiso que debemos asumir frente a las generaciones por venir, condenamos todo tipo de violaciones a la institucionalidad y a los derechos civiles y políticos.

Las Academias Nacionales reafirman el derecho de todos los venezolanos a vivir en democracia, bajo principios morales y éticos y no sometidos a la imposición de la fuerza bruta.

Caracas, 8 de enero de 2020

Dr. Horacio Biord Castillo
Presidente de la Academia Venezolana de la Lengua

Dra. Carole Leal Curiel
Directora de la Academia Nacional de la Historia

Dr. Leopoldo Briceño-Iragorry Calcaño
Presidente de la Academia Nacional de Medicina

Dr. Humberto Romero Muci
Presidente de la Academia de Ciencias Políticas y Sociales

Dra. Mireya R. Goldwasser
Presidenta de la Academia de Ciencias Físicas, Matemáticas y Naturales

Dr. Humberto García Larralde
Presidente de las Academia Nacional de Ciencias Económicas

Dr. Eduardo Buroz Castillo
Presidente de la Academia Nacional de Ingeniería y el Hábitat

## XVII. PRONUNCIAMIENTO DE LA ACADEMIA DE CIENCIAS POLÍTICAS Y SOCIALES CON RELACIÓN A LAS SENTENCIAS DE LA SALA CONSTITUCIONAL DEL TRIBUNAL SUPREMO DE JUSTICIA QUE DESIGNÓ A LOS INTEGRANTES DEL CONSEJO NACIONAL ELECTORAL Y LOS ÓRGANOS ELECTORALES SUBALTERNOS Y QUE INTERVINO VARIOS PARTIDOS POLÍTICOS (Se condenan las sentencias del TSJ que imponen un CNE ilegítimo e intervienen partidos políticos, anulando los derechos electorales de los venezolanos. Estas acciones antidemocráticas, imposibilitan un proceso electoral libre y transparente.). 18.06.2020.

La Academia de Ciencias Políticas y Sociales, en cumplimiento de sus deberes legales y reglamentarios, en defensa del Estado de Derecho y la democracia, considera su obligación manifestar públicamente su rechazo a las pretendidas sentencias números 68, 69 y 70, de fechas 05, 10 y 12 de junio, respectivamente, del 2020, por medio de las cuales la inconstitucional Sala Constitucional del Tribunal Supremo de Justicia (Sala Constitucional) designó a los integrantes del Consejo Nacional Electoral y de sus órganos electorales subalternos. Asimismo, esta Corporación rechaza y condena las pretendidas sentencias números 71 y 72 de fechas 15 y 16 de junio, respectivamente, de 2020, por medio de las cuales la inconstitucional Sala Constitucional ordenó la suspensión de las directivas de las organizaciones con fines políticos (partidos políticos) Acción Democrática y Movimiento Primero Justicia; el nombramiento de una "Mesa Directiva ad hoc" y "Junta Directiva ad hoc" respectivamente, con el objeto de reestructurar y ejercer las funciones directivas y de representación de dichas organizaciones; la designación de sus autoridades regionales, municipales y locales; y agregan, que dichas nuevas directivas ad hoc podrán utilizar la tarjeta electoral, el logo, símbolos, emblemas, colores y cualquier otro concepto propio de las señaladas organizaciones con fines políticos.

**A.** El primer grupo de pretendidas sentencias (68, 69 y 70), que fueron dictadas con motivo de un recurso interpuesto contra de la supuesta omisión legislativa por parte de la Asamblea Nacional de designar a los funcionarios que sustituirán en sus cargos a los Rectores principales y suplentes del Consejo Nacional Electoral, son inconstitucionales, toda vez que:

1. Usurpan las potestades constitucionales de la Asamblea Nacional invocando su previa e inconstitucional declaratoria de desacato, en violación del principio de separación de poderes y el principio de legalidad, consagrados en los artículos 136 y 137, respectivamente, de la Constitución;

2. Usurpan las funciones propias y exclusivas de la Asamblea Nacional de designar los rectores del Consejo Nacional Electoral y demás integrantes de sus órganos subalternos, en violación del artículo 296 de la Constitución y, en consecuencia, violan el derecho democrático de participación política de todos los venezolanos en la conformación de los órganos que ejercen el poder público, consagrado en los artículos 6, 62, 70, 295 y 296 de la Constitución, así como el derecho de contar con un órgano electoral imparcial, autónomo e independiente integrado por personas no vinculadas a partidos políticos, como garantía esencial para la realización de elecciones libres y democráticas, según se desprende del artículo 294 de la Constitución;
3. Usurpan la reserva legal y las potestades legislativas de la Asamblea Nacional en la regulación de la materia electoral, en violación de los artículos 156.32 y 187.1 de la Constitución;
4. Violan los límites y alcance del control difuso de la constitucionalidad, consagrado en el artículo 334 de la Constitución; y
5. Violan la naturaleza y alcance del recurso de omisión legislativa, establecido en el artículo 336.7 de la Constitución.

La inconstitucional Sala Constitucional incurre nuevamente en desviación de poder al pretender anular a través de la incorrecta y desviada interpretación y aplicación de la inexistente figura del "desacato", las potestades constitucionales propias, exclusivas y excluyentes de la Asamblea Nacional. Como lo ha afirmado esta Academia en anteriores oportunidades, "el supuesto 'desacato' en que afirmó se encuentra el órgano parlamentario desde principios del año 2016, ...no solo no existe jurídicamente, sino que ha sido el artificio inventado por el Tribunal Supremo de Justicia para impedir a la Asamblea Nacional electa en diciembre de 2015, el ejercicio de sus atribuciones constitucionales"[10].

La inconstitucional Sala Constitucional atenta contra el derecho democrático de participación política de todos los venezolanos en la conformación de los órganos que ejercen el poder público, desde que la facultad constitucional para designar titulares de órganos constitucionales la ejerce la Asamblea Nacional en representación de la voluntad popular mediante el voto de las dos terceras partes de sus integrantes. Se trata de una extensión del voto del pueblo por medio de la participación política indirecta de los ciudadanos a través de sus representantes electos, asegurándose la participación ciudadana en la nominación de candidatos a través del Comité de Postulaciones. De modo que, si se usurpa o vacía dicha potestad, se viola el derecho a la participación y a la representación política como esencia del derecho a la democracia del pueblo venezolano.

---

10 Dictamen de la Academia de Ciencias Políticas y Sociales sobre la necesaria independencia e imparcialidad del Consejo Nacional Electoral como garantía esencial para la realización de elecciones libres y democráticas, del 03 de maro de 2018.

Ya está Academia expresó, y ahora lo reitera, que una de las fundamentales garantías de los procesos electorales para asegurar el derecho al sufragio como máxima expresión de la voluntad popular, es la existencia de órganos electorales autónomos e independientes. Un árbitro electoral independiente e imparcial es un elemento esencial del derecho al voto y de las directrices constitucionales exigidas para la integración del Consejo Nacional Electoral como órgano del Poder Electoral. El incumplimiento del procedimiento constitucionalmente establecido para la designación de los rectores del Consejo Nacional Electoral impide la conformación de un órgano electoral con las características señaladas. Por lo cual, las designaciones los rectores del CNE mediante la arbitraria actuación del Tribunal Supremo de Justicia, además de acarrear la nulidad e ineficacia de esas designaciones, por disponerlo así expresamente el citado artículo 138 de la Constitución, viola con ello los derechos políticos fundamentales a la participación política y a acceder al ejercicio de cargos públicos, circunstancia que determina igualmente su nulidad a tenor de lo dispuesto en el artículo 25 de la Constitución.[11]

Además, la inconstitucional Sala Constitucional actuó de forma arbitraria por inconstitucional, cuando a través de la pretendida sentencia número 68 pretendió derogar con efectos erga omnes 12 normas legales de naturaleza electoral (artículos 14, 15, 174, 175, 176, 177, 178, 179, 180, 181, 182 y 186 de la Ley Orgánica de Procesos Electorales), mediante la distorsión del control difuso de la constitucionalidad que nunca puede tener efectos más allá que respecto de las partes del proceso; y además carece del carácter general que corresponde al control concentrado que se ejecuta mediante la decisión de un recurso de nulidad por inconstitucionalidad, el cual no existió en este caso.

Asimismo, rechazamos la inconstitucional usurpación de las potestades legislativas de la Asamblea Nacional producto de la referida decisión número 68 que "habilitó" al Consejo Nacional Electoral a "llenar el vacío normativo" ante la "laguna generada" por la misma Sala Constitucional "como consecuencia de la desaplicación con efectos erga omnes" de los artículos de la Ley electoral antes indicados "mediante la potestad reglamentaria que le confiere el cardinal 1 del artículo 293 constitucional". Se pretende realizar así una suerte de habilitación o delegación normativa totalmente inconstitucional por inexistente, por cuanto esta materia es de la reserva legal propia de la Asamblea Nacional mediante ley. De manera que la inconstitucional Sala Constitucional, quien no tiene esa competencia, no puede pretender delegar o "habilitar" al Consejo Nacional Electoral para que ejerza facultades legislativas que no tiene, y menos aún a través de normas reglamentarias que son de rango sublegal.

Esta Academia considera su deber alertar a la comunidad sobre la grave distorsión de la naturaleza y alcance del recurso por omisión legislativa en la que ha incurrido nuevamente la inconstitucional Sala Constitucional, ya que sin

---

11 Dictamen de la Academia de Ciencias Políticas y Sociales sobre la necesaria independencia e imparcialidad del Consejo Nacional Electoral como garantía esencial para la realización de elecciones libres y democráticas, del 03 de maro de 2018.

desarrollar proceso alguno, sin contradictorio y, por tanto, violando el derecho al debido proceso y a la defensa, no sólo declaró una la omisión del órgano parlamentario, que es inexistente, sino que en exceso de sus facultades procedió a suplir directamente la supuesta omisión, usurpando las funciones constitucionales propias, exclusivas y excluyentes de la Asamblea Nacional delegándolas en otro órgano del Estado que carece de la potestad legislativa.

En todo caso, conforme al principio de separación de poderes, el juez constitucional tiene vedado ejercer las funciones propias, exclusivas y excluyentes de la Asamblea Nacional. La Constitución no permite a la Sala Constitucional designar altos funcionarios públicos cuyo nombramiento está atribuido expresamente a la Asamblea Nacional y el recurso sólo atribuye la competencia para declarar la omisión legislativa, y de ser el caso, "pronunciarse sobre los lineamientos necesarios para su corrección", pero no para dictar los actos constitucionales propios de dicho órgano parlamentario.

En definitiva, la Academia debe expresar públicamente la violación masiva de la Constitución, la democracia y el Estado de Derecho que configuran las sedicientes sentencias 68, 69 y 70 de la inconstitucional Sala Constitucional, mediante las cuales se usurparon los derechos de participación ciudadana a través de sus representantes y las competencias expresas, exclusivas y excluyentes de la Asamblea Nacional, para elegir a los rectores y rectoras del Consejo Nacional Electoral. Esta violación material se agrava por el hecho de que las sedicientes decisiones judiciales fueron dictadas sin procedimiento alguno, y en particular, en violación de los requisitos constitucionalmente exigidos, a partir de la lista de postulados que le presenten a la Asamblea Nacional la sociedad civil, las facultades de ciencias jurídicas y políticas y el Poder Ciudadano, según corresponda (penúltimo aparte del artículo 296 constitucional).

**B. El segundo grupo de pretendidas sentencias, números 71 y 72 por medio de las cuales se intervienen dos partidos políticos**, violan gravemente el derecho a la democracia, los principios y valores superiores del ordenamiento jurídico venezolano como la libertad y el pluralismo político; contarían el derecho constitucional de asociarse con fines políticos y, concretamente, constituyen una inconstitucional intervención en la libre determinación de los partidos políticos que implica la libre elección de su dirección y sus candidatos a cargos de elección popular a través de la selección en elecciones internas con la participación de sus integrantes, establecidos en los artículo 2, 5, 6, 62, 67 y 70 de la Constitución.

Conforme a la Carta Democrática Interamericana, el régimen plural de partidos y organizaciones políticas es un elemento esencial de la democracia (artículo 3). En este sentido, la Constitución (artículo 67) y los instrumentos internacionales de derechos humanos consagran el derecho de los ciudadanos a formar partidos políticos libres. Los partidos están al servicio de la democracia y de los ciudadanos. Ello prohíbe que el Estado a través de su brazo político en el poder judicial, intervenga arbitrariamente los partidos políticos, como ha ocurrido, para someterlos a su proyecto político propio. Por ello, la insólita ocupación y secuestro de los partidos políticos ejecutada por las sedicientes decisiones judiciales, es una pluriviolación de la Constitución y la democracia misma, que atenta contra su propia existencia y funcionamiento.

*

La Academia debe advertir públicamente, que bajo las actuales condiciones consistentes, entre otras, en la falta de independencia e imparcialidad del Consejo Nacional Electoral; la ilegalización e intervención de los principales partidos de oposición; la inhabilitación, detención arbitraria y persecución de actuales diputados y dirigentes políticos de oposición; y la ausencia en general de las garantías esenciales para la celebración de elecciones libres, justas y creíbles como expresión de la soberanía del pueblo, no es posible la realización de elecciones legítimas como las de diputados a la Asamblea Nacional.

Como lo ha expresado anteriormente esta Academia, el Consejo Nacional Electoral está integrado irregularmente por rectores y rectoras que han sido designados inconstitucionalmente, no sólo por no cumplir los requisitos de postulación, procedimientos y tramites, sino por haber sido designados por una autoridad constitucionalmente incompetente para ello: Tribunal Supremo de Justicia. Esta integración irregular del Consejo Nacional Electoral, lo ha convertido en una instancia político partidista, que hace nugatoria las garantías constitucionales de igualdad, confiabilidad, imparcialidad, transparencia y eficiencia electoral, que dicho órgano debe hacer efectivas en todos los procesos electorales. La realización de los procesos electorales exige que se ofrezcan a los ciudadanos garantías mínimas, sin las cuales no puede considerarse que los comicios constituyan un mecanismo legitimo para el ejercicio libre y democrático del derecho al sufragio y la participación política. Esas garantías están referidas al respeto de los derechos de asociación con fines políticos, el derecho individual a postularse como elegible, el ejercicio del derecho al sufragio mediante votaciones libres, universales, directas y secretas, así como la transparencia y equidad en los procesos previos de organización y campaña electoral, todos los cuales están siendo gravemente violados actualmente en Venezuela, siendo un elemento determinante de esas violaciones la ausencia de independencia en los órganos del Poder Judicial, del Poder Electoral y del Poder Ciudadano[12].

**Por todas las consideraciones expuestas, la Academia de Ciencias Políticas y Sociales deplora y rechaza este nuevo ataque a la Constitución, a la democracia, al Estado de Derecho y a los derechos democráticos y libertades públicas de todos los venezolanos; y expresa la necesidad imperiosa de restablecer el orden constitucional de todas instituciones del Estado, especialmente, el Tribunal Supremo de Justicia, quienes deberían ser jueces independientes e imparciales encargados de asegurar su vigencia, en lugar**

[12] Dictamen de la Academia de Ciencias Políticas y Sociales sobre la necesaria independencia e imparcialidad del Consejo Nacional Electoral como garantía esencial para la realización de elecciones libres y democráticas, del 03 de maro de 2018.

**de propender a su violación continuada con fallos como a los que se refiere el presente pronunciamiento.**

En Caracas, a los 18 días del mes de junio de 2020.

Humberto Romero-Muci
Presidente

Rafael Badell Madrid
Secretario

## XVIII. PRONUNCIAMIENTO INTERACADEMICO EN VISTA DE LAS SENTENCIAS DICTADAS POR LA SALA CONSTITUCIONAL DEL TRIBUNAL SUPREMO DE JUSTICIA DESIGNANDO LOS RECTORES DEL CONSEJO NACIONAL ELECTORAL Y SUS ÓRGANOS SUBALTERNOS, E INTERVINIENDO VARIOS PARTIDOS POLÍTICOS (Rechazo a la ilegitima designación judicial del CNE e intervinieron partidos políticos, usurpando las competencias de la Asamblea Nacional. Se denuncia la politización de la justicia para socavar libertades fundamentales.). 18.06.2020.

En defensa de la supremacía constitucional, del estado de derecho y de los valores democráticos, expresan públicamente su condena a las pretendidas sentencias de la inconstitucional Sala Constitucional del Tribunal Supremo de Justicia identificadas con los números 68, 69, 70, 71 y 72, dictadas en fechas 5, 10, 12, 15, y 16 de junio del 2020, respectivamente, por medio de las cuales usurpó la competencia de la Asamblea Nacional, al designar los rectores del Consejo Nacional Electoral y de sus órganos subalternos, e intervino los partidos políticos Acción Democrática y Movimiento Primero Justicia, al decidir el nombramiento de una "Mesa Directiva ad hoc" con el objeto de reestructurar y ejercer las funciones directivas y de representación de dichas organizaciones políticas y la designación de sus autoridades regionales, municipales y locales.

Las sentencias que se rechazan constituyen una inadmisible intervención del poder judicial en la política y se apartan ética y jurídicamente de la labor que corresponde a un tribunal constitucional, que no es otra que la de asegurar la supremacía de la Constitución.

La inconstitucional Sala Constitucional vuelve a actuar como agente político en violación de los principios constitucionales de separación de poderes y el de legalidad, para, en lugar de ello, usurpar la competencia del órgano parlamentario y realizar ella misma las designaciones de las autoridades electorales, bajo la justificación de la manida tesis de un desacato a sus decisiones.

Tal proceder violenta de forma grave y flagrante los principios democráticos del Estado de Derecho, al arrebatar el derecho de participación política de todos los venezolanos en la conformación de los órganos que ejercen el poder público, y la garantía de un árbitro electoral imparcial, autónomo e independiente esencial para la realización de elecciones libres y democráticas, como lo consagra y ordena la Constitución, y que en su conjunto conforman el derecho a la democracia.

Las Academias firmantes igualmente rechazan la pretendida "habilitación" que hace la Sala Constitucional en el Consejo Nacional Electoral por ella designado para que sea ese órgano y no la Asamblea Nacional como corresponde, quien las sustituya con actos de carácter reglamentario y no legal, violando además la reserva que la Constitución hace de la regulación de la materia electoral a la Asamblea Nacional.

Finalmente, las Academias deploran la interferencia de la Sala Constitucional en la organización de los partidos políticos para forzar un cambio de sus autoridades sin la decisión de sus bases, sino del grupo por ella escogido violando el derecho constitucional de asociarse con fines políticos y la libre determinación de los partidos en cuanto organización, funcionamiento y dirección conforme lo dispone el artículo 67 de la Constitución.

Las Academias consideran su deber denunciar el uso de la justicia constitucional como mecanismo de control político y desconocimiento de las libertades constitucionales y los principios y valores democráticos.

En Caracas, a los 18 días del mes de junio de 2020.

Dra. Carole Leal Curiel
**Directora de la Academia Nacional de la Historia**

Dr. Leopoldo Briceño-Iragorry Calcaño
**Presidente de la Academia Nacional de Medicina**

Dr. Humberto Romero Muci
**Presidente de la Academia de Ciencias Políticas y Sociales**

Dra. Mireya R. Goldwasser
**Presidenta de la Academia de Ciencias Físicas, Matemáticas y Naturales**

Dr. Luis Mata Mollejo
**Presidente de las Academia Nacional de Ciencias Económicas**

## XIX. **PRONUNCIAMIENTO EN RECHAZO A LA "LEY CONSTITUCIONAL ANTIBLOQUEO PARA EL DESARROLLO NACIONAL Y LA GARANTÍA DE LOS DERECHOS HUMANOS"** (Se manifiesta rechazo a la "Ley constitucional antibloqueo". Se alerta que subvierte el orden jurídico venezolano y privatiza bienes públicos de forma opaca. La ANC usurpa las competencias legislativas de la Asamblea Nacional, violentando la supremacía constitucional al facultar al régimen para "inaplicar" normas legales.). 21.10.2020.

1. La Academia de Ciencias Políticas y Sociales, en cumplimiento de sus atribuciones legales, se dirige a la sociedad venezolana para manifestar

su absoluto rechazo a la autodenominada "**Ley constitucional antibloqueo para el desarrollo nacional y la garantía de los derechos humanos**", dictada por la inconstitucional Asamblea Nacional Constituyente (ANC) y publicada en la ***Gaceta Oficial*** N° 6583 del 12 de octubre de 2020.

2. Esta Corporación académica alerta a la comunidad nacional e internacional sobre la nulidad e ineficacia de esta vía de hecho normativa que pretende subvertir definitivamente el orden jurídico venezolano, para implementar en forma encubierta un aparente "**cambio de legislación económica**" que busca, entre otros, privatizar bienes públicos de forma indiscriminada y opaca, a partir de una facultad para desaplicar selectivamente normas vigentes. Todo esto en violación de la Constitución de la República, la seguridad jurídica y los derechos de los venezolanos.

3. La Academia de Ciencias Políticas y Sociales confirma, una vez más, la ilegitimidad de origen de la ANC[13], cuyo propósito espurio es usurpar la soberanía popular representativa de la Asamblea Nacional[14]. La llamada "**ley constitucional**", ni es ley ni es constitucional. Es un acto de fuerza de la usurpadora ANC que pretende sustituirse en las competencias legislativas y de control de la Asamblea Nacional, que son de su exclusiva y excluyente atribución, para derogar, deslegalizar y desquiciar, singularmente, todo el ordenamiento jurídico vigente vinculado a la disposición de bienes públicos, en evidente transgresión del interés de todos los venezolanos.

4. La llamada "**Ley constitucional antibloqueo para el desarrollo nacional y la garantía de los derechos humanos**" rompe frontalmente con el ordenamiento jurídico, para:

   a. Crear un pretendido marco normativo de rango supra legal, violentando la supremacía constitucional y el orden jerárquico de las fuentes del derecho (disposición transitoria primera), en infracción del artículo 7 constitucional;

   b. Facultar sin límites al régimen para "**inaplicar**" en casos específicos las normas de rango legal que estime necesarias, cuya aplicación considere **"...imposible o contraproducente como consecuencia de los efectos producidos por una determinada medida coercitiva unilateral u otra medida restrictiva o privativa**", con el fin de suplir las normas desplazadas para perseguir los sedicentes propósitos de la Ley (art. 19);

---

13 Ver Pronunciamiento de las Academias Nacionales de fecha 15 de agosto de 2017

14 Ver Pronunciamiento de esta Academia de 5 de diciembre de 2017 sobre la "Ley Constitucional contra el odio, por la convivencia pacífica y la tolerancia" dictada por la Asamblea Nacional Constituyente".

c. Permitir al régimen la suscripción de "**tratados, acuerdos y convenios internacionales, bilaterales o multilaterales**" (art. 10), con el fin de eludir la necesaria aprobación de estos instrumentos mediante ley de la Asamblea Nacional, como lo exige el artículo 154 constitucional;

d. Establecer una declaratoria de "**secretos y reservados**" para todos "**...los procedimientos, actos y registros efectuados con ocasión de la implementación de algunas medidas**" (art. 42), establecidas en la llamada "**ley**" que "**suponga la inaplicación de las normas de rango legal o sublegal**" para alcanzar sus fines, todo ello en violación del régimen legal de honestidad, transparencia, rendición de cuentas y responsabilidad en el ejercicio de la función pública con sometimiento pleno a la ley y el derecho, y el derecho de acceso a la información administrativa y a los documentos públicos, que exigen a la Administración Pública los artículos 141 y 143 constitucionales.

5. Este andamiaje disruptivo confiesa su deliberado propósito de facilitar, al margen del orden jurídico, la generación de "**ingresos adicionales y obtención de divisas**", a través de la liquidación, en secreto, de activos públicos, fuera de los mecanismos ordinarios de control presupuestario y bajo una contabilidad separada, en abierta violación de los artículos 311 al 315 de la Constitución, con el pretexto falso de contrarrestar los efectos de llamadas "**medidas coercitivas**" o "**medidas punitivas**" que se atribuyen a agentes extranjeros.

6. De forma inconexa se enuncian acciones que evidencian el despropósito de liquidar el menguado patrimonio de la Nación, incluso endeudarla, mediante la desaplicación intencional del régimen administrativo de contratación pública y de concesiones, especialmente los controles de la Asamblea Nacional sobre el crédito público y la contratación de interés nacional. Las materias desreguladas serían:

a. la organización y reorganización de los entes descentralizados del Estado con fines empresariales, dentro y fuera del país (art. 25);

b. la celebración de todos los actos o negocios jurídicos que resulten necesarios para su protección (art. 24);

c. la modificación de mecanismos de constitución, gestión, administración, funcionamiento y participación del Estado en determinadas empresas públicas o mixtas (art. 26);

d. elaborar e implementar operaciones de administración de pasivos, así como de administración de activos, mediante las operaciones disponibles en los mercados nacionales e internacionales (art. 27);

e. diseñar e implementar mecanismos excepcionales de contratación, compra y pago de bienes y servicios (art. 28) ;

f. crear e implementar cualquier mecanismo financiero (art. 23) o "**fuentes de financiamiento en cualquiera de sus formas**" (art. 32) que permitan mitigar los efectos de las llamadas "**medidas coercitivas unilaterales y otras medidas restrictivas o punitivas**", incluyendo el uso de criptoactivos;

g. prohibir el acceso a toda la documentación, registros, actos y archivos que haya sido calificada como confidencial o reservada, así como tampoco podrán expedirse copias simples ni certificadas de la misma (art. 41);

h. imponer medidas de duración indefinida, condicionándolas vagamente "**...hasta que cesen los efectos de las medidas coercitivas unilaterales y otras medidas restrictivas o punitivas que afectan al país**" (disposición final única).

7. La Academia subraya que "**[l]a transparencia de las actividades gubernamentales, la probidad, la responsabilidad de los gobiernos en la gestión pública, así como el respeto por los derechos sociales y la libertad de expresión**", son componentes fundamentales de la democracia (Carta Democrática Interamericana, art. 4). Asimismo, conforme a la doctrina de la Comisión Interamericana de Derechos Humanos y la jurisprudencia de la Corte Interamericana de Derechos Humanos, "[e]l acceso a la información en poder del Estado es un derecho fundamental de los individuos", por lo que, "[l]os Estados están obligados a garantizar el ejercicio de este derecho"[15]. De allí que en aras de garantizar este derecho humano fundamental para la existencia de una democracia, el acceso a los documentos y archivos del Estado debe regirse por el "principio de máxima divulgación"[16].

8. Una vez más, el derecho es instrumentalizado por el régimen para imponer su voluntad política. En esta ocasión, el derecho es manipulado hasta el grado de instituir un distópico permiso indefinido al régimen para violar las leyes existentes y evitar el control de la Asamblea Nacional, abriendo las puertas al saqueo y la corrupción.

9. Es especialmente reprochable que el régimen pretenda justificar este nuevo atentado a la Constitución al plantearlo como necesario para la protección de los (i) "**derechos humanos del pueblo venezolano**", (ii) "**...el patrimonio de la República**" y (iii) los "**principios y valores constitucionales y de Derecho Internacional Público, entre ellos la paz y estabilidad internacional e incluso la prohibición del uso de la fuerza**" (art.5), cuando en sí misma, la abyecta violación de la Constitución es: (i) una infracción directa de los derechos humanos de los

[15] Declaración de Principios sobre Libertad de Expresión, CIDH, 2000.

[16] Corte IDH. Caso Claude Reyes y otros Vs. Chile. Fondo, Reparaciones y Costas. Sentencia de 19 de septiembre de 2006. Serie C No. 151.

venezolanos, (ii) una invitación grave para el expolio del patrimonio de la República y (iii) una flagrante transgresión de los principios de supremacía, carácter vinculante e inderogable de la Constitución y del orden legal preexistente.

10. La Academia de Ciencias Políticas y Sociales declara finalmente que el cese de las sanciones internacionales debe buscarse mediante un acuerdo nacional que demuestre, con sinceridad y verificación, el compromiso del régimen ante los venezolanos y la comunidad internacional de reestablecer el sistema democrático y el orden constitucional en Venezuela, a fin de velar por el respeto pleno de los derechos humanos, la paz y la prosperidad de todos los venezolanos.

En Caracas, a los 21 días del mes de octubre de 2020.

Humberto Romero-Muci
Presidente

Rafael Badell Madrid
Secretario

XX. **PRONUNCIAMIENTO ANTE LA SENTENCIA NÚMERO 81 DE LA SALA DE CASACIÓN CIVIL DEL 16 DE ABRIL DE 2021 QUE VIOLANDO EL ORDEN JURÍDICO MODIFICÓ UNA SENTENCIA FIRME PARA AGRAVAR LA CONDENA DECIDIDA POR UN TRIBUNAL DE INSTANCIA EN CONTRA UN MEDIO DE COMUNICACIÓN SOCIAL** (Se critica el uso ilegítimo del avocamiento en un caso ya sentenciado, violando la Constitución y la Ley Orgánica del Tribunal Supremo de Justicia, en grave violación al debido proceso y derecho a la defensa.). 19.04.2021.

La Academia de Ciencias Políticas y Sociales, en cumplimiento de sus obligaciones legales, se dirige al país para denunciar la grave violación al estado de derecho, al principio del debido proceso, juez natural, derecho a la defensa y cosa juzgada, en la que ha incurrido la Sala de Casación Civil del Tribunal Supremo de Justicia a través de la sentencia número 81 del 16 de abril de 2021, que condenó al diario El Nacional a pagar la suma de 237.000 petros, es decir, trece millones trescientos sesenta y seis mil ochocientos dólares de los Estados Unidos de América (US $ 13.366.800), aproximadamente.

Observa la Academia, que utilizando la figura del avocamiento, aun cuando el caso ya había sido sentenciado, la Sala de Casación Civil asumió indebidamente el conocimiento del juicio por daños morales propuesto por el diputado Diosdado Cabello contra el diario El Nacional, para modificar la sentencia que ya había sido dictada por el Juzgado Tercero de Primera Instancia en lo Civil, Mercantil, Tránsito y Bancario del Circunscripción Judicial del Área Metropolitana de Caracas, mediante la cual se había condenado al demandado a pagar la suma de mil millones de bolívares (Bs. 1.000.000,oo) y, por esta vía, elevarla a la cantidad de 237.000 petros, es decir, trece millones trescientos sesenta y seis mil ochocientos dólares de los Estados Unidos de América (US $ 13.366.800), aproximadamente. Además, tal cambio lo realizó sin ningún tipo de motivación ni pruebas, visto que las razones que se invocaron no tienen conexión con la materia objeto de su conocimiento.

La sentencia número 81 de la Sala de Casación Civil violó la Constitución -artículos 26, 49 y 257- y la Ley Orgánica del Tribunal Supremo de Justicia -artículo 25 numeral 16- pues el avocamiento sólo procede cuando "se presuma violación al orden público constitucional, tanto de las otras Salas como de los demás tribunales de la República, siempre que no haya recaído sentencia definitivamente firme" (destacado de la Academia).

La sentencia número 81 establece el inconstitucional precedente, permitiendo avocarse en un caso ya sentenciado y violar la cosa juzgada y la intangibilidad de las sentencias, si la ejecución de la sentencia no se materializa en el lapso establecido en el artículo 524 del Código de Procedimiento Civil. La Sala de Casación Civil hizo uso ilegítimo, contrariando, además, el orden jurídico, de la función jurisdiccional, cuando se avocó indebidamente en un caso ya sentenciado y abrió nuevas fases de procedimiento, que no existen.

Observa la Academia que la Sala de Casación Civil violó gravemente los límites que la Constitución y la ley le imponen a su actuación, en resguardo del principio del derecho de la defensa, la cosa juzgada y la intangibilidad de las sentencias.

En razón de lo anterior la Academia de Ciencias Políticas y Sociales exhorta a la Sala Constitucional del Tribunal Supremo de Justicia a revisar de oficio la inconstitucional sentencia número 81 de la Sala de Casación Civil y, en consecuencia, a dejarla sin efeto.

La Academia de Ciencias Políticas y Sociales considera conveniente hacer público este pronunciamiento e informar a la Organización de las Naciones Unidas y a la Organización de Estados Americanos, en virtud de la grave violación al estado de derecho, debido proceso, juez natural, derecho a la defensa y cosa juzgada, en la que ha incurrido la Sala de Casación Civil a través de la sentencia número 81.

En Caracas, a los diecinueve días del mes de abril del año dos mil veintiuno.

Julio Rodríguez Berrizbeitia
Presidente

Cecilia Sosa Gómez
Secretaria

## XXI. **PRONUNCIAMIENTO SOBRE LA REFORMA DE LA LEY ORGÁNICA DEL TRIBUNAL SUPREMO DE JUSTICIA** (Se denuncia que la reforma de la LOTSJ profundiza la dependencia política del nombramiento de magistrados, afectando la independencia de la justicia y contraviniendo estándares internacionales de derechos humanos y debido proceso.). 28.01.2022.

La Academia de Ciencias Políticas y Sociales de Venezuela, en cumplimiento de los fines que le asigna su ley de creación, fija posición ante la reforma de la Ley Orgánica del Tribunal Supremo de Justicia (LOTSJ), publicada en fecha 19 de enero de 2022, en Gaceta Oficial N° 6.684, Extraordinaria, con el único objetivo de modificar la actual composición del Tribunal Supremo de Justicia mediante una disminución del número de sus integrantes y la designación de nuevos Magistrados e intervenir en su organización y funcionamiento.

Esta Academia reiteradamente ha insistido en la defensa y en la necesaria vigencia de los valores y principios que inspiran el sistema constitucional venezolano y en la necesaria independencia e idoneidad del Poder Judicial como garantía de los elementos fundamentales del Estado de Derecho. Asimismo, ha sostenido que la base y fundamento de la administración de justicia es el cumplimiento de las normas constitucionales sobre la designación y elección de jueces y magistrados, en lo cual la transparencia y la participación amplia de la sociedad es un elemento de su legitimidad como Poder Público.

El Tribunal Supremo de Justicia debe gozar de independencia y autonomía como garante de la supremacía y efectividad de las normas y principios constitucionales; además le compete la dirección, el gobierno y la administración del Poder Judicial, la inspección y vigilancia de los tribunales y de las defensorías públicas (art. 267, Constitución). Solamente un Tribunal Supremo de Justicia y unos tribunales integrados por jueces competentes, independientes e imparciales, permite cumplir con los estándares constitucionales e internacionales establecidos en los tratados y demás instrumentos vigentes.

En este sentido, es necesario recordar que de conformidad con los *Principios básicos relativos a la independencia de la judicatura de la ONU,* las personas seleccionadas para ocupar cargos judiciales serán "personas íntegras e idóneas y tendrán la formación o las calificaciones jurídicas apropiadas", que, "[t] odo método utilizado para la selección de personal judicial garantizará que éste no sea nombrado por motivos indebidos" y finalmente, que en la selección de los jueces "no se hará discriminación alguna", incluido por motivos de opinión política o de otra índole (art.10).

De conformidad con las sentencias internacionales, así como las decisiones y dictámenes de los órganos internacionales, la justicia en Venezuela carece de independencia ya que los magistrados, jueces y fiscales, no tienen estabilidad y están sujetos a presiones externas. Esta falta de independencia es garantía de la impunidad del delito, especialmente de las graves violaciones a los derechos humanos incluidos los delitos de lesa humanidad, y al mismo tiempo, se utiliza para la persecución política de los adversarios del régimen.

Para la Academia ha sido una prioridad ética la defensa del Estado de Derecho y la primacía de la Constitución de 1999, de allí que públicamente mediante sus comunicados y encuentros se ha referido a los atropellos cometidos por el Tribunal Supremo de Justica mediante sus sentencias, que más que interpretar la Constitución ha cambiado arbitrariamente sus normas, creando indefensión, desprotección e inseguridad jurídica.

Por las razones antes expuestas, ante la promulgación de la reforma de la referida Ley Orgánica del Tribunal Supremo de Justicia, la Academia de Ciencias Políticas y Sociales se ve en la necesidad de pronunciarse, rechazando su texto por las siguientes razones jurídicas:

1. La Asamblea Nacional no hizo las respectivas consultas sobre esta reforma legislativa a los otros órganos del Estado, a los ciudadanos y ciudadanas especialmente a los expertos independientes en la materia y a la sociedad civil organizada, de conformidad con lo previsto en el artículo 211 de la Constitución de la República.

2. El cambio del artículo 8 de dicha Ley, mediante el cual se reducen a cinco los magistrados(as) de la Sala Constitucional y a tres los magistrados(as) de las restantes Salas, se llevó a cabo sin haberse acreditado las razones técnicas, materiales y sustantivas para tal modificación del Tribunal Supremo de Justicia, de conformidad con lo previsto en los artículos 204 de la Constitución, lo cual es aplicable para todos los artículos modificados.

3. La modificación del artículo 25 agrega una cláusula en la que se incorpora el mecanismo constitucional de diálogo interinstitucional entre la Sala Constitucional y la Asamblea Nacional, que va a impedir a la Sala Constitucional no sólo ejercer la llamada jurisdicción normativa, sino, además, dictar sentencias estimatorias, lo que constituye una extralimitación legislativa, tanto más grave en la medida en que se omite que también las otras Salas como la Sala de Casación Civil han venido modificando inconstitucionalmente diversas leyes (anulando normas jurídicas y cambiando su significado jurídico), en ejercicio, ilegítimo y abusivo, de un mal entendido control difuso de la constitucionalidad.

4. De conformidad con lo dispuesto en el artículo 270 de la Constitución, el Comité de Postulaciones Judiciales como medio de participación de los ciudadanos en la gestión de los asuntos públicos, y especialmente en la elección de los magistrados(as) del Tribunal Supremo de Justicia, está integrado por representantes de los diferentes sectores de la sociedad, de conformidad con lo que establezca la ley, y por tanto, no puede tener como integrantes a diputados. Es decir, el Comité de Postulaciones Judiciales no es un órgano interno ni de la Asamblea Nacional, ni del Poder Ciudadano. No obstante la clara disposición constitucional, la

reforma de los artículos 65 y 69 de la LOTSJ modifican la correlación de miembros del Comité de Postulaciones Judiciales, a favor de diputados en detrimento de la sociedad civil, pasando ésta de un 54,54% a un 47,61%. Asimismo, se establece como quórum de constitución una mayoría absoluta y como quórum de deliberación una mayoría simple, todo en favor del control político del poder judicial por la mayoría parlamentaria establecida en el artículo 65.

5. El artículo 64 de la Reforma impone la incorporación del Comité de Postulaciones Judiciales como órgano asesor en la selección de Magistrados(as) del Tribunal Supremo de Justicia, el Inspector(a) General de Tribunales y el Director(a) de la Escuela Nacional de la Magistratura, así como de los Colegios Electorales Judiciales para la elección de jueces de competencia disciplinaria, sin que se conozca cuáles fueron las razones técnicas, materiales y sustantivas para su incorporación en esta tarea, como no sea el control político parlamentario del poder judicial. De conformidad con el artículo 270, como se dijo, el Comité de Postulaciones Judiciales no puede tener como integrantes a diputados. Esto en definitiva desnaturaliza y politiza al Comité; y además configura una usurpación de funciones constitucionales ya que, al incorporar diputados al Comité de Postulaciones, al cual le corresponde sólo seleccionar la lista de los candidatos(as) para el cargo, luego esos mismos diputados se incorporan a la Asamblea Nacional para elegir los Magistrados(as) de esa misma lista.

6. La reforma de los artículos 81 y 83 establece que, tanto el Inspector (a) General de Tribunales como el Director (a) de la Escuela Nacional de la Magistratura serán designados por la Asamblea Nacional, con base al mismo procedimiento establecido para la designación de los Magistrados(as) del Tribunal Supremo de Justicia, lo cual, comporta una severa interferencia política del Poder Legislativo en la independencia en la autonomía y funcionamiento del Poder Judicial (art. 267, Constitución).

7. El artículo 38 modificado de la LOTSJ, mantiene con una redacción diferente, la selección definitiva de los magistrados(as) por mayoría simple de los miembros de la Asamblea Nacional, si ésta no logra, luego cumplidas tres sesiones consecutivas sin que haya acuerdo para la designación con el voto favorable de las dos terceras (2/3) partes de sus miembros. Esta norma, además de violar el principio constitucional de la designación de todas las altas autoridades del Estado con el voto favorable de las dos terceras (2/3) partes de los miembros de la Asamblea Nacional, el cual incluso se ratifica expresamente para la remoción de los magistrados del TSJ (art.265).

8. En cuanto a la incorporación de la disposición final segunda (art. 13), la reforma señala que se procederá a la designación de los veinte nuevos magistrados(as) y sus suplentes, añadiendo que los magistrados(as)

"que para la fecha de entrada en vigencia de esta Ley no hayan culminado el periodo para el cual fueron designadas y designados, podrán volver a postularse para ejercer estos cargos". En consecuencia, estaría produciendo para ciertos magistrados(as), la posibilidad de estar más años en el Tribunal Supremo que los 12 años fijos que pueden permanecer en sus cargos. Ello resulta contrario a lo dispuesto expresamente en la Constitución (art. 264) respecto a la duración total del mandato o período de los magistrados(as): "[...] serán elegidos o elegidas por un único período de doce años". De tal manera, que los magistrados(as) no pueden ser elegidos sino por un único período cuya duración máxima, en todo caso, es de doce años. no

9. La reforma que sustituye la Unidad Tributaria como valor de referencia para la determinación de la competencia y las multas previstas en los artículos 26, 81, 121, 122 y 123, con el tipo de cambio oficial de la moneda de mayor valor que establezca el Banco Central de Venezuela, genera graves dudas de su constitucionalidad.

Visto el contenido de Ley de reforma parcial de la LOTSJ, es necesario concluir que la misma profundiza la dependencia política del nombramiento de los magistrados(as) de dicho Tribunal y de otras instancias del sistema de justicia en Venezuela, y por ende, con efectos sobre el funcionamiento del todos los órganos de la justicia. En virtud de ello, se concluye que con esta Ley se refuerza la ausencia de independencia de la justicia en Venezuela, por ser abiertamente contraria a los estándares del debido proceso, nombramiento y estabilidad de los jueces, contenidos en los instrumentos internacionales sobre derechos humanos y el Estatuto de Roma, asi como en la jurisprudencia de los tribunales y demás órganos internacionales, en especial de la Corte Penal Internacional y los órganos y organismos de las Naciones Unidas.

Caracas, 28 de enero de 2022

Julio Rodríguez Berrizbeitia
Presidente

Cecilia Sosa Gómez
Secretario

XXII. **PRONUNCIAMIENTO SOBRE LA SELECCIÓN Y NOMBRAMIENTO DE LOS MAGISTRADOS DEL TRIBUNAL SUPREMO DE JUSTICIA** (Se reitera la importancia de la autonomía, independencia e idoneidad del Poder Judicial tras las sentencias del Tribunal Supremo de Justicia No. 81 y 83 sobre selección y nombramientos Magistrados sin cumplir requisitos constitucionales ni transparencia ciudadana).29.04.2022.

El 28 de enero de 2022 la Academia de Ciencias Políticas y Sociales hizo pública su posición en relación a la Reforma de la Ley Orgánica del Tribunal

Supremo de Justicia; en ese pronunciamiento la Academia insistió en la defensa y necesaria vigencia de los valores y principios que inspiran el sistema constitucional venezolano. Así como la imprescindible autonomía, independencia e idoneidad de la que debe gozar el Poder Judicial.

Ahora bien, observa la Academia que luego de las sentencias del Tribunal Supremo de Justicia No. 81 y 83 del 15 y 21 de marzo de 2022 respectivamente, que avalaron las inconstitucionalidades en las cuales incurrió la Asamblea Nacional al sancionar la ley Orgánica del Tribunal Supremo de Justicia y después que se realizó la selección y nombramiento de los Magistrados del Tribunal Supremo de Justicia el 26 de abril pasado, su pronunciamiento es aún más importante, en razón de las muchas violaciones a la Constitución en las que se incurrió en el procedimiento de selección y nombramiento de los Magistrados del Tribunal Supremo de Justicia.

El 26 de abril de 2022 esta Academia realizó un Foro dedicado, precisamente, a analizar la Reforma de la Ley Orgánica del Tribunal Supremo, en el cual los académicos expositores identificaron las inconstitucionalidades, inconsistencias y antinomias del articulado del referido texto legal. (https://youtu.be/pppBf_6HsKw)

En esta oportunidad la Academia de Ciencias Políticas y Sociales quiere insistir en la violación a la Constitución por parte de la Asamblea Nacional en el procedimiento de selección y nombramiento de los Magistrados que conforman el Tribunal Supremo de Justicia.

En primer lugar, advierte la Academia que se violó el artículo 263 de la Constitución en virtud de la falta de cumplimiento de los requisitos constitucionales por parte de los Magistrados electos; de otra parte, se violó también el 264 eiusdem por cuanto el procedimiento de selección se realizó sin la debida transparencia ni la necesaria participación ciudadana.

También se violó el artículo 264 de la Constitución desde que doce de los veinte Magistrados del Tribunal Supremo de Justicia estaban ya, para el momento de su designación, en ejercicio de esas funciones y fueron electos para un nuevo período constitucional de doce años, en fraude al artículo 264 de la Constitución que establece que los Magistrados del Tribunal Supremo de Justicia serán elegidos por un único período de doce años.

Además, otros Magistrados que no habían cumplido con el período constitucional de doce años, fueron inconstitucionalmente removidos de sus funciones sin cumplirse el procedimiento establecido en el artículo 265 de la Constitución.

De acuerdo a lo anterior reitera esta Academia de Ciencias Políticas y Sociales que el procedimiento de selección y nombramiento de los Magistrados del Tribunal Supremo de Justicia es contrario a la Constitución y por tanto nulo de nulidad absoluta.

En Caracas, a los veintinueve (29) días del mes de abril de 2022.

Julio Rodríguez Berrizbeitia
Presidente

Cecilia Sosa Gómez
Secretario

# TERCERA PARTE
# SISTEMA ELECTORAL

## XXIII. PRONUNCIAMIENTO SOBRE LA ELIMINACIÓN DEL VOTO UNIVERSAL, DIRECTO Y SECRETO PARA ELEGIR A LOS DIPUTADOS REPRESENTANTES DE LOS PUEBLOS INDÍGENAS

(Se denuncia la inconstitucionalidad del sistema electoral para diputados indígenas, que utiliza voto indirecto y público. Lesión de los derechos al sufragio universal, directo y secreto, tanto constitucional como convencional.). 11.08.2020.

La Sala Constitucional del Tribunal Supremo de Justicia mediante las sentencias números 68, 69 y 70 dictadas en el mes de junio de 2020, designó inconstitucionalmente a los miembros del Consejo Nacional Electoral y delegó en dicho órgano la función de legislar que no tiene, y que solo corresponde a la Asamblea Nacional como representación de la soberanía popular; todo lo cual fue denunciado por esta Academia en Pronunciamiento de fecha 18 de junio de 2020 .

El Consejo Nacional Electoral inconstitucionalmente designado, ha emitido, entre otras, la Resolución No 200630-0024 de fecha 30 de junio de 2020, contentiva de un Reglamento especial para regular la elección de la representación indígena en la Asamblea Nacional 2020 (Reglamento), el cual establece la elección de los tres diputados a la Asamblea Nacional en representación de los pueblos indígenas, mediante un sistema electoral a través de un voto indirecto de voceros, en dos grados y mediante votación pública a mano alzada, en las tres regiones o circunscripciones electorales indígenas, integradas por tan solo 10 entidades federales.

El Reglamento prevé que, en un primer grado, en unas "Asambleas Comunitarias" (que no se regulan, ni se sabe cómo se constituyen, ni quienes las integran, y que serán reguladas en el futuro en un indeterminado "Manual)", se designarán "a mano alzada" unas especies de "delegados" denominados "voceros" bajo el control del Consejo Nacional Electoral. A su vez, dichos "voceros," son los llamados a participar luego, en un segundo grado, en unas "Asambleas Generales" reunidas en cada una de las 10 entidades federales que se establecen en el Reglamento, para elegir "a mano alzada" es decir, en público a los tres representantes o diputados por los pueblos indígenas ante la Asamblea Nacional.

**Este sistema electoral establecido en el Reglamento, ejercido únicamente por voceros y a través de doble grado en asambleas, mediante voto público, expresado "a mano alzada", viola abiertamente el derecho constitucional y convencional al sufragio mediante el voto universal, directo y secreto para la elección de los diputados representantes de los pueblos indígenas ante la Asamblea Nacional.**

En efecto, este mecanismo electoral viola el principio central del sistema democrático representativo establecido en los artículos 5, 62 y 63 de la Constitución, en el artículo 23 de la Convención Americana sobre Derechos Humanos, en el artículo 25 del Pacto Internacional de Derechos Civiles y Políticos y en el artículo 3 de la Carta Democrática Interamericana, basado en la elección de todos los representantes del pueblo (incluidos los diputados) mediante votación universal, directa y secreta. Es decir, a la elección por parte de toda la universalidad de electores, en el caso de los representantes de los pueblos indígenas por parte de todos los ciudadanos que integran las comunidades o pueblos indígenas y no únicamente por determinados delegados o voceros; en forma de elección directa y no de segundo grado; y en forma secreta y no en asambleas a mano alzada o alguna otra forma pública.

Por todo lo anteriormente expuesto, la Academia observa que el Reglamento viola abiertamente estos principios constitucionales e internacionales del derecho al voto universal, directo y secreto que están garantizados en la Constitución y en los instrumentos internacionales, y que no admiten excepción alguna.

En cuanto a los requisitos y condiciones impuestas en el Reglamento para ser candidato a diputado de representación indígena, la Constitución también es clara al indicar que dicha elección debe realizarse "de acuerdo con lo establecido en la ley electoral, respetando sus tradiciones y costumbres" (art. 186). Esa "ley electoral," es únicamente una "ley" sancionada por la Asamblea Nacional y no una sentencia o un reglamento, por lo que las exigencias relativas a los candidatos solo pueden establecerse mediante una ley formal y no en un reglamento.

El Reglamento, además, estableció otra disposición que viola el derecho a la participación política que garantiza la Constitución a todos los ciudadanos para ejercerse en forma libre (art. 62), al disponer restrictivamente que los candidatos a diputados por la representación indígena solo podrían ser "postulados" por "organizaciones indígenas" (art. 7), sin siquiera definirse cuáles o cómo son las mismas y quienes las pueden conformar. Ello constituye una limitación intolerable al derecho a la participación política de los ciudadanos, quienes conforme al artículo 67 de la Constitución tienen derecho a postularse por iniciativa propia para los cargos de elección popular; como también se viola dicha norma constitucional al eliminarse la posibilidad de que "grupos de electores" y las organizaciones con fines políticos, es decir, los partidos políticos, puedan concurrir a los procesos electorales postulando candidatos; así como el derecho de las propias comunidades indígenas a establecer organizaciones con fines políticos. No hay en la Constitución norma alguna que limite estos derechos. Ni siquiera tratándose de la elección de diputados de representación indígena, respecto de los cuales, si bien su elección puede circunscribirse a que la hagan los pueblos indígenas, la postulación de los candidatos tiene que ser libre.

De otra parte, resalta la Academia que el régimen electoral dispuesto en el Reglamento es enteramente violatorio del principio de igualdad, en virtud de que impone a los pueblos indígenas un sistema electoral mediante votaciones en segundo grado y en público, el cual discrimina abiertamente a la población indígena del país y por ende, viola su derecho de representación y toma de decisiones en el cuerpo legislativo nacional, al disponer condiciones restrictivas para la elección de los diputados indígenas, distintas y notoriamente más gravosas que las determinadas para el resto de la representación parlamentaria del país, en violación de los artículos 21 de la Constitución, 24 de la Convención Americana de Derechos Humanos y 26 del Pacto Internacional de Derechos Civiles y Políticos.

En todo caso, observa esta Academia que las inconstitucionales sentencias dictadas por la Sala Constitucional del Tribunal Supremo de Justicia, no tienen legitimidad ni efecto válido alguno, al estar viciadas de nulidad absoluta por usurpación de las funciones de la Asamblea Nacional y por violación de los derechos constitucionales y humanos. Por lo cual, tampoco podrán tener efecto jurídico alguno ni legitimidad: ni la designación de los miembros del Consejo Nacional Electoral; ni la emisión por éste de "normas electorales" modificando la Ley Orgánica de Procesos Electorales; ni la fijación de fecha para elecciones parlamentarias; ni el secuestro de los partidos políticos; ni las falsas elecciones que así puedan realizarse.

Las elecciones parlamentarias que puedan resultar de ese írrito proceso electoral convocado inconstitucionalmente para elegir los diputados a la Asamblea Nacional en 2020, ya han sido cuestionadas por la propia Asamblea Nacional, los 27 partidos políticos de la oposición, las Academias Nacionales y la Conferencia Episcopal Venezolana; y en el ámbito internacional, por el Grupo de Lima, el Grupo de Contacto, el Consejo Permanente de la Organización de Estados Americanos, el Parlamento Europeo y diversos gobiernos democráticos del mundo.

Caracas, a los 11 días del mes de agosto de 2020.

Humberto Romero Muci
Presidente

Rafael Badell Madrid
Secretario

## XXIV. PRONUNCIAMIENTO DE LAS ACADEMIAS NACIONALES EN RECHAZO A LA CONVOCATORIA A LAS ELECCIONES PARLAMENTARIAS 2020 (Se rechaza la ilegítima e inconstitucional convocatoria a elecciones parlamentarias para el 6 de diciembre de 2020. Se denuncian vicios en el proceso electoral, incluyendo la designación partidista del Consejo Nacional Electoral por el Tribunal Supremo de Justicia.). 01.09.2020.

Las Academias Nacionales expresan al país su profunda preocupación por la ilegítima e inconstitucional convocatoria a elecciones parlamentarias el día 6 de diciembre del presente año para pretender renovar la Asamblea Nacional.

Las elecciones, al ser el desarrollo del derecho constitucional al sufragio, exigen que en su convocatoria concurran razones de legalidad y conveniencia para que puedan reputarse como legítimas. Por tal motivo, este nuevo llamado a la ciudadanía a votar es un acto en apariencia enmarcado en el Estado de derecho, pero carente de toda legitimidad porque, en esta ocasión, hay sobradas razones jurídicas, de salud pública, políticas y operativas que sugieren la inconveniencia de realizarlas en la fecha pautada.

Las Academias nacionales, atendiendo a las obligaciones legales de hacer recomendaciones a los órganos del poder público y a la sociedad en las materias de sus competencias, se sienten en la obligación de informar a la ciudadanía su opinión sobre esta delicada situación.

Las acciones del Tribunal Supremo de Justicia y del Consejo Nacional Electoral con relación a las elecciones parlamentarias 2020 están claramente al margen del marco jurídico nacional y de los parámetros internacionales. Las sentencias de la Sala Constitucional del Tribunal Supremo de Justicia, identificadas con los números 68, 69, 70, 71 y 72 y dictadas en fechas 5, 10, 12, 15, y 16 de junio de 2020, respectivamente, son una clara usurpación a las competencias de la Asamblea Nacional, por cuanto con ellas se designaron a los rectores del Consejo Nacional Electoral y directivos de sus órganos subalternos.

Con estas sentencias se delegó en el Consejo Nacional Electoral la potestad de legislar y reformar la Ley de Procesos Electorales; y así el Consejo Nacional Electoral reglamentó un nuevo sistema electoral mediante unas "Normas Especiales para las Elecciones Parlamentarias período 2021-2026" que usurpan las competencias legislativas de la Asamblea Nacional y violan la reserva y rango de ley.

El Reglamento especial, dictado por el Consejo Nacional Electoral para regular la elección de los tres representantes indígenas a la Asamblea Nacional establece el voto indirecto de voceros en dos grados y mediante votación pública a mano alzada, violando abiertamente el derecho constitucional al sufragio mediante el voto universal, directo y secreto y arrebatando la potestad de participación política de todos los venezolanos en la conformación de los órganos que ejercen el poder público

Se intervinieron los principales partidos políticos de oposición con la suspensión de sus autoridades legítimas y, en su lugar, fueron impuestas directivas a conveniencia para apropiarse de sus símbolos e identidad asociativa y coaccionarlos a participar arteramente en las elecciones parlamentarias convocadas.

Todos los hechos señalados, además de desconocer las competencias constitucionales de la Asamblea Nacional, violentan de forma grave y flagrante los principios democráticos del Estado de derecho, violan el derecho constitucional de asociarse con fines políticos y la libre determinación de los partidos en cuanto organización, funcionamiento y dirección, conforme lo dispone el artículo 67 de la Constitución, y vulneran la garantía de un árbitro electoral imparcial, autónomo e independiente esencial para la realización de elecciones libres y democráticas.

Por otro lado, además de las razones de ilegitimidad de la convocatoria a las elecciones parlamentarias del próximo diciembre, se evidencia que no hay condiciones sanitarias para sobrellevar el alto riesgo que impone la COVID-19. Las medidas que han adoptado los países para contener la propagación y evitar la transmisión de la COVID-19 han sido aquellas que conllevan a evitar aglomeraciones y concentración de personas en espacios públicos, particularmente en lugares cerrados y poco ventilados. Los procesos electorales bajo condiciones de pandemia y los sitios donde estos suelen llevarse a cabo implican un alto grado de riesgo de contagio, tanto para los votantes como para los funcionarios electorales y el público en general asociado a la puesta en marcha de estos eventos.

En fecha reciente, la Academia de Ciencias Físicas, Matemáticas y Naturales hizo público un informe que, sobre la base de un modelo matemático, predice una alta tasa de contagio por coronavirus y advierte que de no cambiarse las estrategias de contención para la fecha prevista de las elecciones los nuevos contagios estarán en el orden de 14.000 por día. En otro estudio independiente muy reciente sobre Elecciones y Pandemia, se examina el aumento que ha producido en varios países la realización de elecciones y se ofrece una estimación epidemiológica de lo que podría ocurrir en Venezuela de llevar a cabo las elecciones en la fecha proyectada. En los escenarios señalados por estos análisis científicos, puede esperarse que para el mes de diciembre no se tengan las condiciones mínimas sugeridas por la Organización Mundial de la Salud para flexibilizar las restricciones impuestas por el gobierno y se correría el riesgo de aumentar significativamente el número de contagios y decesos. Con mucha preocupación llamamos la atención de que esta consideración es aún más significativa en ciudades y poblaciones cuya infraestructura sanitaria y provisión de servicios básicos (agua, electricidad y transporte) son todavía más precarias de las que sirven a las grandes ciudades del país.

Para las Academias, la salud de los ciudadanos es un bien público que debe preservarse más allá de conveniencias políticas o personales. Consideran que velar por la salud de la sociedad es una obligación insoslayable del Gobierno y de los responsables de tomas de decisiones y en este sentido reiteran que no hay condiciones sanitarias para la realización ni de eventos de masa ni de concentración de público en los próximos meses. Llamamos a las autoridades a invertir los fondos económicos necesarios para garantizar el sistema de bioseguridad y el reforzamiento de la infraestructura hospitalaria y el mejoramiento de las condiciones sanitarias en el país, con el fin de asegurar la calidad de la atención médica a los venezolanos durante y después de la pandemia.

El deterioro alarmante e innegable de los servicios públicos es otro de los aspectos que afectan la realización de las elecciones. La insólita escasez de gasolina está causando desasosiego, desorden y anarquía y llevando a restricciones extremas de las libertades individuales y colectivas. Este escenario puede mantenerse o incluso agravarse en los próximos meses, pues no hay evidencia técnica que permita predecir una pronta recuperación de la capacidad de refinación de crudo en nuestro país o que las autoridades tengan la capacidad de importar el producto en suficientes cantidades para regularizar su suministro para el mes de diciembre. Pretender que la población se movilice en un evento de gran magnitud, como lo es una elección nacional, bajo las condiciones indicadas y en medio además de un creciente deterioro del sistema de abastecimiento de alimentos con la consecuente inestabilidad social y económica de la población, es un acto irresponsable de los convocantes. Ello, lejos de asegurar la mayor participación libre de los ciudadanos. podría causar el efecto contrario, aunado a las más que razonables dudas sobre la legitimidad política y jurídica de la práctica de las elecciones parlamentarias convocadas para el mes de diciembre.

Es deber ético y jurídico con el país, que las Academias Nacionales, en el marco de sus competencias, manifiesten públicamente la inconveniencia, la ilegitimidad y la inconstitucionalidad de la realización de estas elecciones. Asimismo, llamamos enérgicamente a que se cumplan condiciones de legitimidad y seguridad que permitan recuperar el derecho a elegir en libertad y exigir el restablecimiento de las condiciones necesarias que posibiliten un proceso electoral limpio, libre y con observación internacional.

Caracas, 1 de octubre de 2020

Dr. Horacio Biord Castillo
Presidente de la Academia Venezolana de la Lengua

Dra. Carole Leal Curiel
Directora de la Academia Nacional de la Historia

Dr. Enrique López Loyo.
Presidente de la Academia Nacional de Medicina

Dr. Humberto Romero Muci
Presidente de la Academia de Ciencias Políticas y Sociales

Dra. Mireya R. Goldwasser
Presidenta de la Academia de Ciencias Físicas, Matemáticas y Naturales

Dr. Luis Mata Mollejа
Presidente de la Academia Nacional de Ciencias Económicas

Ing. Eduardo Buroz
Presidente de la Academia Nacional de la Ingeniería y el Hábitat

## XXV. LAS ACADEMIAS NACIONAL DE MEDICINA Y DE CIENCIAS POLITICAS Y SOCIALES ANTE LAS PRETENDIDAS ELECCIONES PARLAMENTARIAS PARA EL 6 DICIEMBRE 2020. (Se advierte que las elecciones parlamentarias del 6 de diciembre de 2020 carecen de condiciones mínimas para ser auténticas, justas, libres, iguales y competitivas. Designación inconstitucional del Consejo Nacional Electoral (CNE) por el Tribunal Supremo de Justicia (TSJ). Se enfatiza que las votaciones no democráticas no pueden derivar en una elección legítima.). 03.12.2020.

La Academia Nacional de Medicina y la Academia de Ciencias Politicas y Sociales, en cumplimiento de sus deberes ciudadanos y legales, se dirigen una vez más a la comunidad nacional e internacional, para expresar su posición ante el evento electoral convocado para el 6 de diciembre de 2020, con el pretendido objeto de elegir los nuevos diputados a la Asamblea Nacional (AN) para el período 2021-2026.

Estos comicios parlamentarios convocados carecen de las condiciones mínimas de ser una elección auténtica, justa, libre, igual y competitiva. Entre otras razones, el Consejo Nacional Electoral (CNE) fué designado partidistamente por el Tribunal Supremo de Justicia (TSJ) sin tener la competencia y sin seguir los trámites y requisitos exigidos por la Constitución; el CNE fué indebidamente habilitado por el TSJ para dictar normas legales que pretenden modificar las leyes electorales vigentes a menos de seis meses del evento electoral; el CNE dictó una serie de normas arbitrarias e inconstitucionales, entre ellas la eliminación del voto universal, directo y secreto para elegir a los representantes de los pueblos indígenas ante la AN; el TSJ dictó irregularmente una serie de "medidas cautelares" que intervienen a varios de los principales partidos de oposición y nombran autoridades ad-hoc, con el propósito de secuestrar su tarjeta electoral para así postular candidatos; y de manera inconstitucional, el TSJ ha autorizado, sin antejuicio de méritos, la apertura de juicios penales contra diputados de la AN y la ANC ha allanado su inmunidad parlamentaria.

Las votaciones no democráticas no eligen. Unas votaciones bajo este cúmulo de vicios y múltiples violaciones de la Constitución y de los instrumentos internacionales sobre derechos humanos, son incapaces de elegir. Todo acto que viola los derechos garantizados en la Constitución es nulo, y de su nulidad no puede derivarse consecuencia alguna, pues equivale a un acto inexistente. Por tanto, del evento convocado para el 6 de diciembre es imposible derivar una elección de los nuevos diputados que sustituirán a los actuales diputados electos legítimamente el diciembre de 2015.

Para superar la ruptura del orden constitucional y comenzar a superar la emergencia humanitaria compleja que sufre el país, es necesario restablecer la democracia, el Estado de Derecho y el respeto de los derechos humanos. Ello solo es posible a través de elecciones verdaderamente democráticas, bajo los estándares universales y con observación internacional. Por lo cual, la convocatoria del evento electoral del próximo 6 de diciembre en las condiciones antes denunciadas es además una irresponsabilidad frente al país y frente a la historia.

Finalmente, es igualmente necesario que la soberanía popular se ejerza, para que los ciudadanos y ciudadanas se expresen libremente. Por ello, consideramos que es importante abrir todos los canales válidos de participación ciudadana, como es el caso de la Consulta popular nacional convocada bajo la Constitución (art. 5, 62 y 70) por sectores de la oposición y la sociedad venezolana, para que tenga lugar entre los días 7 al 12 de diciembre de 2020.

En Caracas, a los 3 días del mes de diciembre de 2020.

Dr. Enrique Lopez Loyo
Presidente de la Academia Nacional de Medicina

Dr. Humberto Romero Muci
Presidente de la Academia de Ciencias Políticas y Sociales

XXVI. **PRONUNCIAMIENTO DE LA ACADEMIA DE CIENCIAS POLÍTICAS Y SOCIALES SOBRE LAS ELECCIONES PRIMARIAS** (Se reafirma la defensa del derecho de los ciudadanos a asociarse con fines políticos y expresar libremente sus pensamientos y opiniones. La organización de elecciones primarias por parte de la sociedad civil y partidos políticos no usurpa funciones del Consejo Nacional Electoral (CNE). 30.10.2023

La Academia de Ciencias Políticas y Sociales, en ejercicio de las atribuciones que le confiere el artículo 3 de su Ley de creación, reafirma su postura de defensa del estado de derecho democrático y del sistema de libertades públicas contenido en la Constitución de la Republica y, en tal sentido, expresa lo siguiente:

1. El artículo 67 de la Constitución establece que: "Todos los ciudadanos y ciudadanas tienen el derecho de asociarse con fines políticos, mediante métodos democráticos de organización, funcionamiento y dirección. Sus organismos de dirección y sus candidatos o candidatas a cargos de elección popular serán seleccionados o seleccionadas en elecciones internas con la participación de sus integrantes." (Resaltados añadidos). Asimismo, el artículo 57 constitucional consagra expresamente que los ciudadanos tienen el derecho "a expresar libremente sus pensamientos, sus ideas u opiniones de viva voz, por escrito o mediante cualquier otra forma de expresión y de hacer uso para ello de cualquier medio de comunicación y difusión sin que pueda establecerse censura." En tal sentido, con base en esas libertades políticas, organizaciones de la sociedad civil y partidos políticos de oposición organizaron el día 22 de octubre de 2023, elecciones abiertas a todos los ciudadanos, para escoger su candidato presidencial.

2. Ese ejercicio de los derechos políticos, no constituye usurpación de función pública alguna del Consejo Nacional Electoral (CNE), conforme a la Constitución y la Ley Orgánica del Poder Electoral (LOPE). En efecto, dicho ente comicial, solo actúa en este tipo de proceso, si los organizadores del evento electoral así lo solicitan. Por su parte, el artículo 293 constitucional dispone que el CNE tiene entre sus competencias, organizar las elecciones de sindicatos, gremios profesionales y organizaciones con fines políticos "en los términos que señale la ley". En ese sentido, la LOPE dispone en su artículo 33, numeral 2, la competencia del CNE para organizar aquel tipo de elecciones, "respetando su autonomía e independencia", en pleno acatamiento de los tratados internacionales suscritos por Venezuela sobre la materia, con el solo objeto de "suministrarles el apoyo técnico y logístico correspondiente". El mismo párrafo de la ley, a renglón seguido, dispone luego de mencionar las elecciones de gremios profesionales, organizaciones con fines políticos y de la sociedad civil que, en este último caso, el CNE ejercerá su competencia "cuando así lo soliciten o cuando se ordene por sentencia firme de la Sala Electoral del Tribunal Supremo de Justicia". cuya elección interna se va a realizar o haberlo ordenado sentencia firme de la Sala Electoral del Tribunal Supremo de Justicia.

3. De las normas constitucionales y legales citadas, debe interpretarse que: (i) la organización de las elecciones a que se refiere el ordenamiento jurídico son las internas de los partidos políticos, pero no la selección de sus candidatos a cargos de elección popular; (ii) la competencia del CNE se limita a suministrarles apoyo técnico y logístico, pero no a celebrarlas y; (iii) para que proceda dicho apoyo del CNE lo debe solicitar el partido político.

4. Es un hecho público notorio que la Comisión Nacional de Primarias (CNP) solicitó al CNE el apoyo técnico y logístico correspondiente, solicitud a la que no se dio respuesta por varios meses; no habiendo sido sino pocos días antes de celebrarse las elecciones primarias que se reunieron la CNP y el CNE para discutir el posible apoyo técnico y logístico que éste podía brindar. En ese proceso nunca expresó el CNE que la organización de esa elección primaria era de su competencia exclusiva y excluyente.

5. Tomando en cuenta el régimen constitucional y legal electoral antes expuesto, el 17 de octubre de 2023, se suscribió entre Gobierno Nacional y la Plataforma Unitaria de Venezuela, en el que se convino: reconocen y respetan el derecho de cada actor político de seleccionar su candidato para las elecciones presidenciales de manera libre y conforme a sus mecanismos internos, atendiendo los establecidos en la Constitución de la República Bolivariana de Venezuela.

6. Celebramos que el evento ciudadano y democrático de escogencia de un candidato presidencial para las elecciones libres y democráticas que deben tener lugar el próximo año en nuestro país, constituyó un evento cívico y en línea con los señalamientos constitucionales indicados. Por ende, no constituyó una usurpación de las funciones del CNE, ni puede asumirse que en el mismo se cometieron ilegalidades. Judicializar y criminalizar a sus organizadores, a través de actuaciones del Ministerio Publico y del Tribunal Supremo de Justicia, representa un atentado al orden constitucional y legal, a la democracia misma y a los ciudadanos que de manera cívica participaron en dicho proceso.

Con base en las consideraciones jurídicas anteriores, la Academia de Ciencias Políticas y Sociales reafirma la defensa de los principios y valores de la democracia, el Estado de derecho y las libertades políticas y solicita a todos los Poderes Públicos el respeto y la protección a las manifestaciones cívicas y democráticas, así como a los organizadores y actores que las promueven.

Caracas 30 de octubre de 2023

Luciano Lupini Bianchi
El Presidente

Rafael Badell Madrid
El Primer Vice-Presidente

Cecilia Sosa Gómez.
El Secretario Accidental

Salvador Yannuzzi Rodríguez
El Tesorero

Juan Cristóbal Carmona Borjas
El Bibliotecario

XXVII. **PRONUNCIAMIENTO CON RELACIÓN AL TRATAMIENTO CONFERIDO A LOS PROCEDIMIENTOS DE TOTALIZACIÓN Y PROCLAMACIÓN EFECTUADOS POR EL CONSEJO NACIONAL ELECTORAL** (Se destaca el derecho constitucional al sufragio, que debe ser ejercido de manera libre, universal, directa y secreta. Se enfatiza la importancia de que los mecanismos de escrutinio sean accesibles y reflejen con precisión la voluntad del electorado. Se critica la falta de transparencia en la divulgación de resultados electorales y se exige que el CNE publique los resultados completos y realice auditorías necesarias.). 06.07.2024.

La Constitución de 1999 establece que la soberanía reside intransferiblemente en el pueblo, quien la ejerce a través del sufragio. Los ciudadanos gozan del derecho constitucional al sufragio que debe ser ejercido de manera libre, universal, directa y secreta.

Conforme a lo expuesto por la Exposición de Motivos de la Carta Magna, los derechos políticos consagrados en la Constitución otorgan a los ciudadanos en las diferentes etapas de los procesos electorales "...amplias posibilidades de participación", "...tanto en la fase de la postulación de candidatos como en el ejercicio de la supervisión y vigilancia del proceso electoral...".

El Consejo Nacional Electoral (CNE), como órgano rector del Poder Electoral, tiene la responsabilidad de organizar, dirigir y supervisar las elecciones para cargos de elección popular, incluyendo la presidencia de la Republica. Este organismo debe garantizar un proceso electoral igualitario, confiable, imparcial, transparente y eficiente, de acuerdo con la Constitución, la Ley Orgánica de Procesos Electorales y su Reglamento.

La integridad del proceso electoral es consustancial con la institucionalidad democrática. Se debe garantizar que los mecanismos de escrutinio y totalización sean accesibles, auditables y reflejen con precisión la voluntad del electorado. Solo a través de una totalización verificable se puede asegurar que los resultados reflejan fielmente la decisión de los votantes.

El 28 de julio de 2024 se llevó a cabo la elección presidencial, en la que los ciudadanos ejercieron su derecho al voto de manera masiva y pacífica. Este proceso democrático permitió al pueblo elegir soberanamente al nuevo presidente de la República.

En las elecciones presidenciales del 28 de julio de 2024, el CNE emitió lo que se llamó el Primer Boletín de Resultados del CNE, anunciando, el presidente de ese organismo, a un ganador, sin haber recibido el porcentaje necesario de actas de escrutinio para declarar un resultado irreversible. Al día siguiente, se proclamó al ganador sin haber divulgado estos resultados definitivos. La falta de transparencia en la divulgación de los resultados desglosados por mesa electoral constituye una grave violación de los principios electorales, comprometiendo así la autenticidad de los resultados declarados por el CNE.

La proclamación se efectuó sin que la Junta Nacional Electoral publicara la Totalización de las Actas y la adjudicación por los resultados. De acuerdo con el artículo 146 de la Ley Orgánica de Procesos Electorales, este proceso debía concluirse en un plazo de 48 horas, con una posible prórroga de 24 horas adicionales. El plazo legal para completar el proceso expiró el 31 de julio a medianoche.

"La credibilidad de las autoridades electorales y de la institución del voto se pone en grave riesgo cuando las reglas plasmadas en el ordenamiento jurídico son transgredidas". Así lo afirmó el comunicado de todas las Academias Nacionales publicado el 31 de julio de 2024.

La Constitución de la República Bolivariana de Venezuela exige que se cumplan los principios que rigen el comportamiento del CNE, entre ellos, la independencia orgánica, autonomía, despartidización de los organismos electorales, transparencia, imparcialidad y participación ciudadana, sin cuyo acatamiento no es posible reconocer legitimidad a proceso de elección alguno.

Por tanto,

1. Para rectificar la situación, es fundamental que el CNE publique los resultados completos de las actas electorales y se realicen las auditorías y controles independientes e imparciales necesarios, incluidos los previstos por la Ley Orgánica de Procesos Electorales. Solo a través del cumplimiento riguroso de estas normas se puede garantizar la legitimidad del proceso y la confianza del pueblo venezolano en sus instituciones.
2. La elección presidencial de Venezuela de 2024, en cuanto al escrutinio, totalización y proclamación dejó de cumplir con los parámetros constitucionales y legales y los estándares internacionales de integridad electoral. La falta de transparencia en la divulgación de los resultados desglosados por mesa electoral constituye una grave violación de los principios electorales, comprometiendo así la autenticidad de los resultados declarados por el CNE.
3. El ejercicio de un recurso contencioso electoral como el presentado ante la Sala Electoral del Tribunal Supremo de Justicia, no puede reemplazar la competencia exclusiva y el deber del CNE de totalizar íntegramente las actas de escrutinio y de publicar las actas que recibió la Junta de Totalización desde el 28 de julio, día de la elección, en el plazo establecido en la ley. Estas actas conforman el soporte probatorio de la elección del presidente de la República.
4. Es imperativo que el derecho humano a la manifestación pacífica, protegido por nuestra Constitución, sea garantizado y por ello hacemos un llamado urgente a los organismos encargados de mantener el orden público a abstenerse de usar la fuerza de manera desproporcionada o injustificada en el control de manifestaciones pacíficas. Los derechos humanos deben ser respetados en todo momento; por tanto, el funcionario público que infiera maltratos o sufrimientos físicos o mentales a cualquier persona o instigue o tolere este tipo de tratos, debe ser sancionado de acuerdo con la ley.

**LA ACADEMIA DE CIENCIAS POLÍTICAS Y SOCIALES**

Caracas, 6 de agosto de 2024.

## XXVIII. **DECLARACIÓN DE LAS ACADEMIAS NACIONALES SOBRE LA JORNADA ELECTORAL LLEVADA A CABO EL 28 DE JULIO DE 2024 PARA ELEGIR PRESIDENTE DE LA REPÚBLICA** (Se reconoce el comportamiento cívico y vocación democrática del pueblo venezolano en la jornada electoral del 28 de julio de 2024. Se insta a las autoridades a hacer públicos los resultados totales de la votación y a realizar auditorías y controles legales. Las Academias reiteran su compromiso con la democracia, los derechos humanos, la pluralidad y el Estado de derecho.). 31.07.2024.

Las Academias Nacionales desean reconocer al pueblo de Venezuela por el extraordinario comportamiento en la jornada electoral llevada a cabo el 28 de julio de 2024 para elegir presidente de la República.

Hemos sido testigos, una vez más del espíritu cívico y la vocación democrática de los ciudadanos, destacándose la concurrencia masiva de electores que ejercieron el derecho a elegir y ser elegido, como expresión directa de la soberanía popular, y en cumplimiento del deber constitucional.

Conscientes del respeto debido a esa soberanía, es que la Constitución y las leyes de la República establecen la garantía de la institución del sufragio, de allí que las Academias Nacionales hacen un llamado a las autoridades electorales a cumplir con el ordenamiento jurídico haciendo del conocimiento público los resultados totales de la votación así como por cada acta de todos los ámbitos geográficos y a realizar las auditorías y controles establecidos en la Ley Orgánica de Procesos Electorales, sus reglamentos, normas y manuales, para garantizar su legitimidad. La credibilidad de las autoridades electorales y de la institución del voto se pone en grave riesgo cuando las reglas plasmadas en el ordenamiento jurídico son transgredidas.

Exhortamos por tanto al Poder Electoral, a los demás poderes públicos nacionales responsables de la paz y del respeto a los derechos humanos, a verificar que sus actuaciones ocurran en todo momento en estricto apego a sus obligaciones según la constitución y las leyes, y asimismo a los movimientos políticos, y a la ciudadanía en general, a promover un clima de paz y convivencia.

Las Academias nacionales reiteran su firme compromiso con la democracia, la preservación de los derechos humanos, la pluralidad y el Estado de derecho.

En Caracas, a los 31 días del mes de julio de 2024.

**Academia Venezolana de la Lengua**
**Academia Nacional de la Historia**
**Academia Nacional de Medicina**
**Academia de Ciencias Políticas y Sociales**
**Academia de Ciencias Físicas Matemáticas y Naturales**
**Academia Nacional de Ciencias Económicas**
**Academia de la Ingeniería y el Hábitat**

## XIX. COMUNICADO DE LA ACADEMIA DE CIENCIAS POLÍTICAS Y SOCIALES SOBRE LA SENTENCIA DE LA SALA ELECTORAL DEL TRIBUNAL SUPREMO DE JUSTICIA REFERENTE A LAS ELECCIONES PRESIDENCIALES DEL 28 DE JULIO DE 2024 (Se expresa preocupación por las actuaciones de la Sala Electoral del Tribunal Supremo de Justicia que exceden sus competencias constitucionales, invadiendo las del Poder Electoral al "certificar" resultados electorales y realizar peritajes. Se enfatiza la necesidad de transparencia en los procesos electorales y judiciales, criticando la falta de participación y control en el peritaje y la no presentación pública de las actas de escrutinio.). 26.08.2024.

La Academia de Ciencias Políticas y Sociales de Venezuela, en cumplimiento de su cometido institucional de velar por la preservación de los valores y principios fundamentales del ordenamiento jurídico y el respeto al Estado de derecho, se ve en la necesidad de pronunciarse sobre la reciente sentencia dictada por la Sala Electoral del Tribunal Supremo de Justicia el día 22 de agosto de 2024, referente a los resultados de las elecciones presidenciales celebradas el 28 de julio de 2024.

Si bien el texto completo de la sentencia aún no se ha hecho público, la parte dispositiva conocida hasta el momento permite realizar un análisis preliminar desde el punto de vista legal y constitucional. En este sentido, la Academia considera su deber expresar las siguientes consideraciones jurídicas:

### 1. Sobre la competencia del Poder Electoral y la Sala Electoral del Tribunal Supremo de Justicia

La Constitución de la República Bolivariana de Venezuela (Constitución) establece en el artículo 292 que "El Poder Electoral se ejerce por el Consejo Nacional Electoral como ente rector; y son organismos subordinados a éste, la Junta Electoral Nacional, la Comisión de Registro Civil y Electoral y la Comisión de Participación Política y Financiamiento, con la organización y el funcionamiento que establezca la ley orgánica respectiva".

Los órganos del Poder Electoral están obligados a garantizar la igualdad, confiabilidad, imparcialidad, transparencia y eficiencia de los procesos electorales. Sus actuaciones se rigen por los principios de independencia orgánica, autonomía funcional, despartidización, imparcialidad y participación ciudadana, transparencia y celeridad del acto de votación y escrutinios (Constitución, art. 294). Conforme a lo dispuesto en los artículos 136 y 293.5 de la Constitución, el Poder Electoral tiene el deber y la responsabilidad exclusiva de organizar, administrar, dirigir y vigilar todos los actos relativos a la elección de los cargos de representación popular de los poderes públicos, incluyendo la elección del presidente de la República.

La Ley Orgánica de Procesos Electorales (LOPE) y su Reglamento General establecen las funciones específicas del Consejo Nacional Electoral (CNE) en el proceso electoral.

En el caso de las elecciones presidenciales, según el artículo 143 de la LOPE, en concordancia con el artículo 337 de su Reglamento General, una vez finalizado el acto de votación y el escrutinio, los miembros de las mesas electorales deben remitir al CNE las Actas de Escrutinio y demás instrumentos electorales. Conforme a los artículos 146 de la LOPE y 374.1 de su Reglamento General, el CNE tiene la responsabilidad exclusiva de totalizar los votos basándose en los resultados consignados en las actas de escrutinio de todas las mesas electorales. Las actas de escrutinio de las mesas electorales son documentos públicos o auténticos de acuerdo con lo que dispone el artículo 1357 del Código Civil. Solo después de este proceso, el CNE puede proceder a adjudicar y proclamar a los candidatos electos (arts. 151 y 153 LOPE).

Adicionalmente, el CNE está obligado a realizar las siguientes auditorías del proceso electoral:

- Auditoría del Registro Electoral (artículo 34 LOPE)
- Auditoría del Sistema Automatizado de Votación (artículo 160 LOPE)
- Auditoría de Cuadernos de Votación (artículo 158 LOPE)
- Auditoría Ciudadana (artículo162 LOPE)

Estas auditorías deben realizarse en los plazos establecidos por el Reglamento General de la LOPE, distribuidas en las fases preelectoral, electoral y postelectoral del proceso comicial.

Por otro lado, la competencia de la Sala Electoral del Tribunal Supremo de Justicia está claramente delimitada. El artículo 27, numeral 1 de la Ley Orgánica del Tribunal Supremo de Justicia (LOTSJ) limita especialmente su competencia a "Conocer las demandas contencioso electorales que se interpongan contra los actos, actuaciones y omisiones de los órganos del Poder Electoral (…)". Esta disposición no incluye la facultad de certificar resultados o realizar peritajes sobre el material electoral.

La Academia observa con preocupación que la Sala Electoral, al asumir, con motivo de un "recurso contencioso de nulidad" ejercido por el entonces candidato Nicolás Maduro, la tarea de "certificar" los resultados electorales y realizar un "peritaje sobre el material electoral", está invadiendo las competencias constitucionales que son propias y exclusivas del Poder Electoral. Por lo cual, al haber emitido una sentencia que pretende certificar oficialmente los resultados electorales, la Sala Electoral ha incurrido en usurpación de funciones que, conforme al artículo 138 de la Constitución, conlleva a la nulidad de la sentencia.

**2. Sobre el procedimiento empleado**

La Academia observa con inquietud que el procedimiento llevado a cabo por la Sala Electoral carece de base legal, y no se ajusta a lo establecido en la LOTSJ para la tramitación de los recursos contencioso-electorales. Entre las irregularidades procesales observadas se encuentran:

- La aparente falta de notificación adecuada a todas las partes interesadas.
- La no publicación del texto íntegro de las decisiones interlocutorias.
- La realización de audiencias no expresamente previstas en la ley.
- La imposición de plazos excesivamente breves para la presentación de pruebas.
- El carácter secreto que se le ha dado al proceso.

Estas actuaciones son contrarias al derecho al debido proceso consagrado en el artículo 49 de la Constitución, que establece que "El debido proceso se aplicará a todas las actuaciones judiciales y administrativas (...)".

### 3. Sobre el peritaje

La Academia observa con preocupación las irregularidades en el manejo de la prueba de peritaje que se llevó a cabo durante el procedimiento.

La Sala Electoral requirió a los candidatos y partidos políticos la presentación de su propio material electoral y citó y le solicitó al presidente del Consejo Nacional Electoral el envío de las Actas de escrutinio, a lo cual los medios de comunicación reseñaron que estas habían sido entregadas.

Esta actuación no solo contradice el principio fundamental de que quien alega debe probar, establecido en el artículo 506 del Código de Procedimiento Civil, aplicable supletoriamente en materia contencioso electoral, sino que también ignora la responsabilidad primaria del CNE en la custodia y presentación del material electoral oficial.

El proceso de peritaje subsiguiente, realizado en condiciones de opacidad y sin las debidas garantías de imparcialidad y control por las partes interesadas, no se ajusta a las normas procesales que rigen este tipo de pruebas. La designación de peritos sin transparencia, la falta de acceso de las partes al material examinado, y la ausencia de oportunidad para impugnar o cuestionar los hallazgos del peritaje, constituyen graves violaciones al debido proceso.

### 4. Sobre la transparencia del proceso

La Academia considera que la transparencia es un elemento fundamental en todo proceso electoral y judicial. En este sentido, observa con preocupación que no se ha permitido a los interesados participar en la designación de los peritos, controlar la realización del peritaje o impugnar sus resultados.

Asimismo, la no presentación pública de las actas de escrutinio mesa por mesa, dificulta la verificación efectiva de los resultados por parte de la ciudadanía y los actores políticos.

**POR TANTO:**

1. Ante los hechos expuestos, la Academia de Ciencias Políticas y Sociales, en cumplimiento de su cometido institucional, expresa su profunda preocupación por las actuaciones de la Sala Electoral del Tribunal Supremo de Justicia que exceden el marco de sus competencias constitucionales y legales. Esta situación quebranta los principios de separación e independencia de poderes, legalidad, debido proceso y transparencia, pilares fundamentales del Estado de Derecho.

2. En aras de la transparencia y el respeto a la institucionalidad democrática, resulta imperativo que la Sala Electoral del Tribunal Supremo de Justicia haga público el texto íntegro de su sentencia, permitiendo así un análisis detallado de sus fundamentos jurídicos y fácticos.

3. Del mismo modo, es crucial que el Consejo Nacional Electoral cumpla con su obligación legal de publicar los resultados detallados de la elección y realice todas las auditorías previstas en la ley. La integridad del proceso electoral y el derecho de los ciudadanos a conocer los resultados completos exigen que esta información incluya el desglose detallado de los votos por cada mesa de votación, conforme a los resultados consignados en las actas de escrutinio de las mesas electorales. Solo mediante la divulgación de esta información desagregada se puede garantizar una verificación exhaustiva y transparente de los resultados electorales, permitiendo a todos los actores políticos y a la ciudadanía en general corroborar la exactitud de los cómputos oficiales.

4. Finalmente, la Academia enfatiza que la situación analizada en este comunicado adquiere una dimensión de especial trascendencia, considerando que lo que está en juego es el respeto a la soberanía popular ejercida a través del sufragio y el sistema democrático en Venezuela. El voto es la expresión más directa de la voluntad ciudadana en una democracia, y cualquier acción que comprometa la regularidad de este proceso atenta contra los fundamentos mismos del sistema democrático. La usurpación de funciones electorales por parte de un órgano judicial no solo viola la separación de poderes, sino que también socava la confianza de los ciudadanos en las instituciones democráticas y en su capacidad para ejercer libremente sus derechos políticos. En este sentido, la Academia reitera la importancia fundamental de preservar la regularidad del proceso electoral como pilar esencial de la democracia venezolana.

5. La Academia reitera su compromiso con el fortalecimiento de las instituciones democráticas y el respeto al Estado de Derecho en Venezuela, y se mantiene a disposición para colaborar, desde su ámbito académico y consultivo, en la búsqueda de soluciones que fortalezcan la institucionalidad democrática del país.

En Caracas, a los veintiséis días del mes de agosto de dos mil veinticuatro.

XXX. **PRONUNCIAMIENTO DE LA ACADEMIA DE CIENCIAS POLÍTICAS Y SOCIALES SOBRE LA ILEGITIMA JURAMENTACIÓN DEL 10 DE ENERO DE 2025** (Se expresa solidaridad con la angustia del pueblo venezolano ante la toma de posesión presidencial sin publicación de resultados oficiales por el Consejo Nacional Electoral. Se enfatiza la importancia de los principios constitucionales que garantizan la soberanía popular, la democracia y los derechos humanos. Se hace un llamado a la unión de los venezolanos para acatar la Constitución y respetar el Estado de derecho y los derechos humanos.). 13.01.2025.

La Academia de Ciencias Políticas y Sociales, en cumplimiento de sus deberes legales y reglamentarios, expresa su solidaridad con la angustia del pueblo venezolano, ante la toma de posesión presidencial realizada en ausencia de la publicación de los resultados oficiales desagregados por parte del Consejo Nacional Electoral como autoridad competente.

A lo anterior se suma las detenciones masivas, con casos de personas cuyo paradero se desconoce, la reclusión de detenidos en cárceles de máxima seguridad, las precarias condiciones de salud de los presos, sin las garantías del debido proceso, y las restricciones a la libertad de expresión.

Esta realidad debe ser ponderada a la luz del artículo 7 de la Constitución de 1999, de los tratados internacionales válidamente ratificados por Venezuela, y fundamentalmente de las siguientes normas imperativas constitucionales:

- ***Soberanía popular representativa*: Artículo 5**. La soberanía reside intransferiblemente en el pueblo, quien la ejerce mediante el sufragio, por los órganos que ejercen el Poder Público. Los órganos del Estado emanan de la soberanía popular y a ella están sometidos.
- ***Democracia electiva, alternativa y pluralista*: Artículo 6**. El gobierno de la República Bolivariana de Venezuela es y será siempre democrático, participativo, electivo, descentralizado, alternativo, responsable, pluralista y de mandatos revocables.
- ***Garantía de los derechos humanos*: Artículo 25**. Todo acto dictado en ejercicio del Poder Público que viole o menoscabe los derechos garantizados por esta Constitución y la ley es nulo; y los funcionarios públicos y funcionarias públicas que lo ordenen o ejecuten incurren en responsabilidad penal, civil y administrativa, según los casos, sin que les sirvan de excusa órdenes superiores.
- ***Derecho ciudadano a participar libremente en los asuntos públicos*: Artículo 62**. Todos los ciudadanos y ciudadanas tienen el derecho de participar libremente en los asuntos públicos, directamente o por medio de sus representantes elegidos o elegidas. Es obligación del Estado y deber de la sociedad facilitar la generación de las condiciones más favorables para su práctica.

- ***El derecho ciudadano al sufragio en elecciones democráticas*: Artículo 63**. El sufragio es un derecho. Se ejercerá mediante votaciones libres, universales, directas y secretas. La ley garantizará el principio de la personalización del sufragio y la representación proporcional.

- ***Elección presidencial democrática*: Artículo 228**. La elección del Presidente o Presidenta de la República se hará por votación universal, directa y secreta, en conformidad con la ley. Se proclamará electo o electa el candidato o la candidata que hubiere obtenido la mayoría de votos válidos.

- ***El candidato elegido Presidente es quien puede tomar posesión del cargo*: Artículo 231**. El candidato elegido o candidata elegida tomará posesión del cargo de Presidente o Presidenta de la República el diez de enero del primer año de su período constitucional, mediante juramento ante la Asamblea Nacional. Si por cualquier motivo sobrevenido el Presidente o Presidenta de la República no pudiese tomar posesión ante la Asamblea Nacional, lo hará ante el Tribunal Supremo de Justicia.

- ***Derecho humano a la libertad personal*: Artículo 44**. La libertad personal es inviolable; en consecuencia:

    1. Ninguna persona puede ser arrestada o detenida sino en virtud de una orden judicial, a menos que sea sorprendida in fraganti. En este caso, será llevada ante una autoridad judicial en un tiempo no mayor de cuarenta y ocho horas a partir del momento de la detención. Será juzgada en libertad, excepto por las razones determinadas por la ley y apreciadas por el juez o jueza en cada caso.

    2. Toda persona detenida tiene derecho a comunicarse de inmediato con sus familiares, abogado o abogada, o persona de su confianza; y éstos o éstas, a su vez, tienen el derecho a ser informados o informadas sobre el lugar donde se encuentra la persona detenida; a ser notificados o notificadas inmediatamente de los motivos de la detención y a que dejen constancia escrita en el expediente sobre el estado físico y psíquico de la persona detenida, ya sea por sí mismos o por sí mismas, o con el auxilio de especialistas.

    3. La autoridad competente llevará un registro público de toda detención realizada, que comprenda la identidad de la persona detenida, lugar, hora, condiciones y funcionarios o funcionarias que la practicaron.

    4. Toda autoridad que ejecute medidas privativas de la libertad estará obligada a identificarse.

- ***Prohibición de la desaparición forzada de personas*: Artículo 45**. Se prohíbe a la autoridad pública, sea civil o militar, aun en estado de emergencia, excepción o restricción de garantías, practicar, permitir o tolerar la desaparición forzada de personas. El funcionario o funcionaria que reciba orden o instrucción para practicarla, tiene la obligación de no obedecerla y denunciarla a las autoridades competentes. Los autores o autoras intelectuales y materiales; cómplices y encubridores o encubridoras del delito de desaparición forzada de personas, así como la tentativa de comisión del mismo, serán sancionados o sancionadas de conformidad con la ley.

- ***Derecho humano a la integridad personal y a la prohibición de torturas, personas detenidas*: Artículo 46**. Toda persona tiene derecho a que se respete su integridad física, psíquica y moral; en consecuencia: 1. Ninguna persona puede ser sometida a penas, torturas o tratos crueles, inhumanos o degradantes. Toda víctima de tortura o trato cruel, inhumano o degradante practicado o tolerado por parte de agentes del Estado, tiene derecho a la rehabilitación. 2. Toda persona privada de libertad será tratada con el respeto debido a la dignidad inherente al ser humano. [….].
- ***Derecho humano al debido proceso y a la presunción de inocencia*: Artículo 49**. El debido proceso se aplicará a todas las actuaciones judiciales y administrativas; en consecuencia:

    1. La defensa y la asistencia jurídica son derechos inviolables en todo estado y grado de la investigación y del proceso. Toda persona tiene derecho a ser notificada de los cargos por los cuales se le investiga; de acceder a las pruebas y de disponer del tiempo y de los medios adecuados para ejercer su defensa. Serán nulas las pruebas obtenidas mediante violación del debido proceso. Toda persona declarada culpable tiene derecho a recurrir del fallo, con las excepciones establecidas en esta Constitución y en la ley.
    2. Toda persona se presume inocente mientras no se pruebe lo contrario. […]
    3. Toda persona tiene derecho a ser oída en cualquier clase de proceso, con las debidas garantías y dentro del plazo razonable determinado legalmente por un tribunal competente, independiente e imparcial […]
    4. Ninguna persona podrá ser sancionada por actos u omisiones que no fueren previstos como delitos, faltas o infracciones en leyes preexistentes […].

- ***Derecho humano a la protección del Estado con respeto a la dignidad*: Artículo 55**. Toda persona tiene derecho a la protección por parte del Estado, a través de los órganos de seguridad ciudadana regulados por ley, frente a situaciones que constituyan amenaza, vulnerabilidad o riesgo para la integridad física de las personas, sus propiedades, el disfrute de sus derechos y el cumplimiento de sus deberes. [….] Los cuerpos de seguridad del Estado respetarán la dignidad y los derechos humanos de todas las personas. El uso de armas o sustancias tóxicas por parte del funcionariado policial y de seguridad estará limitado por principios de necesidad, conveniencia, oportunidad y proporcionalidad, conforme a la ley.

- ***Derecho humano a la libertad de expresión*: Artículo 57**. Toda persona tiene derecho a expresar libremente sus pensamientos, sus ideas u opiniones de viva voz, por escrito o mediante cualquier otra forma de expresión y de hacer uso para ello de cualquier medio de comunicación y difusión, sin que pueda establecerse censura. […]
- ***Derecho humano a manifestar pacíficamente y límites a la actuación policial*: Artículo 68**. Los ciudadanos y ciudadanas tienen derecho a manifestar, pacíficamente y sin armas, sin otros requisitos que los que establezca la ley. Se prohíbe el uso de armas de fuego y sustancias tóxicas en el control de manifestaciones pacíficas. La ley regulará la actuación de los cuerpos policiales y de seguridad en el control del orden público.
- ***Derecho humano al asilo*: Artículo 69**. La República Bolivariana de Venezuela reconoce y garantiza el derecho de asilo y refugio.

Finalmente, la Academia hace un llamado a la unión de todos los venezolanos para lograr conjuntamente, y de manera pacífica, lo que todos aspiramos como nación independiente y soberana: el acatamiento de la Constitución y la vigencia del Estado de derecho y de los derechos humanos, para alcanzar el mayor nivel de bienestar y felicidad posible.

La Academia de Ciencias Políticas y Sociales, a los trece (13) días del mes de enero de 2025.

## XXXI. **DECLARACIÓN DE LAS ACADEMIAS NACIONALES SOBRE SOBRE LA ILEGITIMA JURAMENTACIÓN DEL 10 DE ENERO DE 2025** (Se expresa profunda preocupación por la toma de posesión presidencial, marcada por la ausencia de resultados electorales oficiales detallados, y denunciaron enérgicamente las detenciones masivas, las desapariciones forzadas, la reclusión en condiciones inhumanas y las restricciones a la libertad de expresión que se han intensificado). 15.01.2025.

Las Academias Nacionales, en cumplimiento de sus deberes legales y reglamentarios, expresan su solidaridad con la angustia del pueblo venezolano, ante la toma de posesión presidencial realizada en ausencia de la publicación de los resultados oficiales desagregados por parte del Consejo Nacional Electoral como autoridad competente.

A lo anterior se suma las detenciones masivas, con casos de personas cuyo paradero se desconoce, la reclusión de detenidos en cárceles de máxima seguridad, las precarias condiciones de salud de los presos, sin las garantías del debido proceso, y las restricciones a la libertad de expresión.

Esta realidad debe ser ponderada a la luz del artículo 7 de la Constitución de 1999, de los tratados internacionales válidamente ratificados por Venezuela, y fundamentalmente de las siguientes normas imperativas constitucionales:

- ***Soberanía popular representativa*: Artículo 5**. La soberanía reside intransferiblemente en el pueblo, quien la ejerce mediante el sufragio, por los órganos que ejercen el Poder Público. Los órganos del Estado emanan de la soberanía popular y a ella están sometidos.
- ***Democracia electiva, alternativa y pluralista*: Artículo 6**. El gobierno de la República Bolivariana de Venezuela es y será siempre democrático, participativo, electivo, descentralizado, alternativo, responsable, pluralista y de mandatos revocables.
- ***Garantía de los derechos humanos*: Artículo 25**. Todo acto dictado en ejercicio del Poder Público que viole o menoscabe los derechos garantizados por esta Constitución y la ley es nulo; y los funcionarios públicos y funcionarias públicas que lo ordenen o ejecuten incurren en responsabilidad penal, civil y administrativa, según los casos, sin que les sirvan de excusa órdenes superiores.
- ***Derecho ciudadano a participar libremente en los asuntos públicos*: Artículo 62**. Todos los ciudadanos y ciudadanas tienen el derecho de participar libremente en los asuntos públicos, directamente o por medio de sus representantes elegidos o elegidas. Es obligación del Estado y deber de la sociedad facilitar la generación de las condiciones más favorables para su práctica.
- ***El derecho ciudadano al sufragio en elecciones democráticas*: Artículo 63**. El sufragio es un derecho. Se ejercerá mediante votaciones libres, universales, directas y secretas. La ley garantizará el principio de la personalización del sufragio y la representación proporcional.
- ***Elección presidencial democrática*: Artículo 228**. La elección del Presidente o Presidenta de la República se hará por votación universal, directa y secreta, en conformidad con la ley. Se proclamará electo o electa el candidato o la candidata que hubiere obtenido la mayoría de votos válidos.
- ***El candidato elegido Presidente es quien puede tomar posesión del cargo*: Artículo 231**. El candidato elegido o candidata elegida tomará posesión del cargo de Presidente o Presidenta de la República el diez de enero del primer año de su período constitucional, mediante juramento ante la Asamblea Nacional. Si por cualquier motivo sobrevenido el Pre-

sidente o Presidenta de la República no pudiese tomar posesión ante la Asamblea Nacional, lo hará ante el Tribunal Supremo de Justicia.

- ***Derecho humano a la libertad personal*: Artículo 44**. La libertad personal es inviolable; en consecuencia:

  1. Ninguna persona puede ser arrestada o detenida sino en virtud de una orden judicial, a menos que sea sorprendida in fraganti. En este caso, será llevada ante una autoridad judicial en un tiempo no mayor de cuarenta y ocho horas a partir del momento de la detención. Será juzgada en libertad, excepto por las razones determinadas por la ley y apreciadas por el juez o jueza en cada caso.

  2. Toda persona detenida tiene derecho a comunicarse de inmediato con sus familiares, abogado o abogada, o persona de su confianza; y éstos o éstas, a su vez, tienen el derecho a ser informados o informadas sobre el lugar donde se encuentra la persona detenida; a ser notificados o notificadas inmediatamente de los motivos de la detención y a que dejen constancia escrita en el expediente sobre el estado físico y psíquico de la persona detenida, ya sea por sí mismos o por sí mismas, o con el auxilio de especialistas.

  3. La autoridad competente llevará un registro público de toda detención realizada, que comprenda la identidad de la persona detenida, lugar, hora, condiciones y funcionarios o funcionarias que la practicaron.

  Toda autoridad que ejecute medidas privativas de la libertad estará obligada a identificarse.

- ***Prohibición de la desaparición forzada de personas*: Artículo 45**. Se prohíbe a la autoridad pública, sea civil o militar, aun en estado de emergencia, excepción o restricción de garantías, practicar, permitir o tolerar la desaparición forzada de personas. El funcionario o funcionaria que reciba orden o instrucción para practicarla, tiene la obligación de no obedecerla y denunciarla a las autoridades competentes. Los autores o autoras intelectuales y materiales; cómplices y encubridores o encubridoras del delito de desaparición forzada de personas, así como la tentativa de comisión del mismo, serán sancionados o sancionadas de conformidad con la ley.

- ***Derecho humano a la integridad personal y a la prohibición de torturas, personas detenidas*: Artículo 46**. Toda persona tiene derecho a que se respete su integridad física, psíquica y moral; en consecuencia:

  1. Ninguna persona puede ser sometida a penas, torturas o tratos crueles, inhumanos o degradantes. Toda víctima de tortura o trato cruel, inhumano o degradante practicado o tolerado por parte de agentes del Estado, tiene derecho a la rehabilitación.

2. Toda persona privada de libertad será tratada con el respeto debido a la dignidad inherente al ser humano. [....].

- ***Derecho humano al debido proceso y a la presunción de inocencia*: Artículo 49**. El debido proceso se aplicará a todas las actuaciones judiciales y administrativas; en consecuencia:

1. La defensa y la asistencia jurídica son derechos inviolables en todo estado y grado de la investigación y del proceso. Toda persona tiene derecho a ser notificada de los cargos por los cuales se le investiga; de acceder a las pruebas y de disponer del tiempo y de los medios adecuados para ejercer su defensa. Serán nulas las pruebas obtenidas mediante violación del debido proceso. Toda. persona declarada culpable tiene derecho a recurrir del fallo, con las excepciones establecidas en esta Constitución y en la ley.
2. Toda persona se presume inocente mientras no se pruebe lo contrario. [...]

Toda persona tiene derecho a ser oída en cualquier clase de proceso, con las debidas garantías y dentro del plazo razonable determinado legalmente por un tribunal competente, independiente e imparcial [...]

3. Ninguna persona podrá ser sancionada por actos u omisiones que no fueren previstos como delitos, faltas o infracciones en leyes preexistentes [...].

- ***Derecho humano a la protección del Estado con respeto a la dignidad*: Artículo 55**. Toda persona tiene derecho a la protección por parte del Estado, a través de los órganos de seguridad ciudadana regulados por ley, frente a situaciones que constituyan amenaza, vulnerabilidad o riesgo para la integridad física de las personas, sus propiedades, el disfrute de sus derechos y el cumplimiento de sus deberes. [....] Los cuerpos de seguridad del Estado respetarán la dignidad y los derechos humanos de todas las personas. El uso de armas o sustancias tóxicas por parte del funcionariado policial y de seguridad estará limitado por principios de necesidad, conveniencia, oportunidad y proporcionalidad, conforme a la ley.

- ***Derecho humano a la libertad de expresión*: Artículo 57**. Toda persona tiene derecho a expresar libremente sus pensamientos, sus ideas u opiniones de viva voz, por escrito o mediante cualquier otra forma de expresión y de hacer uso para ello de cualquier medio de comunicación y difusión, sin que pueda establecerse censura. [...]

- ***Derecho humano a manifestar pacíficamente y límites a la actuación policial*: Artículo 68**. Los ciudadanos y ciudadanas tienen derecho a manifestar, pacíficamente y sin armas, sin otros requisitos que los que establezca la ley. Se prohíbe el uso de armas de fuego y sustancias tóxicas en el control de manifestaciones pacíficas. La ley regulará la actuación de los cuerpos policiales y de seguridad en el control del orden público.

- ***Derecho humano al asilo*: Artículo 69**. La República Bolivariana de Venezuela reconoce y garantiza el derecho de asilo y refugio. Finalmente, las Academias Nacionales hacen un llamado a la unión de todos los venezolanos para lograr conjuntamente, y de manera pacífica, lo que todos aspiramos como nación independiente y soberana: el acatamiento de la Constitución y la vigencia del Estado de derecho y de los derechos humanos, para alcanzar el mayor nivel de bienestar y felicidad posible.

En Caracas, a los quince (15) días del mes de enero de 2025.

ACADEMIA VENEZOLANA DE LA LENGUA
ACADEMIA NACIONAL DE LA HISTORIA
ACADEMIA NACIONAL DE MEDICINA
ACADEMIA NACIONAL DE CIENCIAS POLÍTICAS Y SOCIALES
ACADEMIA DE CIENCIAS FÍSICAS, MATEMÁTICAS Y NATURALES
ACADEMIA NACIONAL DE CIENCIAS ECONÓMICAS
ACADEMIA NACIONAL DE LA INGENIERÍA Y EL HÁBITAT

# CUARTA PARTE
# FINANZAS Y PATRIMONIO PÚBLICO

## XXXII. PRONUNCIAMIENTO ACERCA DEL CUMPLIMIENTO DE OBLIGACIONES TRIBUTARIAS Y LA DECLARACIÓN DEL IMPUESTO SOBRE LA RENTA, EN TIEMPOS DE LA PANDEMIA DEL COVID-19 (Se exhorta al Ejecutivo y a las Administraciones Tributarias para tomar medidas fiscales ante la pandemia, como prórrogas y facilidades para el pago de impuestos.). 01.04.2021.

El 18 de marzo de 2020, esta Academia expidió una declaración acerca del estado de alarma dispuesto por el Presidente de la República en Consejo de Ministros en el Decreto nº 4.169 publicado en la G.O. Extraordinaria 6519 del 13 de marzo de 2020, frente a la emergencia suscitada por la aparición del COVID-19. Entre otras observaciones y recomendaciones, se exhortaba al Ejecutivo y a las distintas Administraciones Tributarias a reconocer la complejidad de la situación y se insistía en la necesidad de tomar medidas dirigidas a mitigar los efectos de la pandemia en el ámbito fiscal, tales como: otorgar prórrogas para las declaraciones y pago de impuestos a los contribuyentes y responsables; fraccionamiento de pagos y modificación de las fechas para la declaración y pago de los tributos.

Durante más de un año desde que comenzó la pandemia causada por el COVID-19, la población venezolana ha sido sometida a una serie de penurias por el continuo deterioro de los servicios públicos de agua, electricidad y telecomunicaciones; el deterioro del Bolívar como moneda; la inflación; la escasez de medicamentos; el cierre de negocios y las pérdidas de empleos; el deterioro del salario; las limitaciones en el transporte público; la malnutrición y los altos niveles de desnutrición; los riesgos de contagio del COVID-19; las dificultades extremas para acceder a los servicios de salud pública; el crimen organizado y los crímenes ambientales; la convocatoria a elecciones parlamentarias no democráticas; y la violencia, la represión y la violación de sus derechos humanos.

En este contexto, transcurrido un año, la Academia de Ciencias Políticas y Sociales expresa su sorpresa y rechazo frente a la actitud reticente del Ejecutivo

Nacional y de la Administración Tributaria al no haber prorrogado, en las circunstancias actuales, la fecha de presentación de la declaración del impuesto sobre la renta para el período fiscal coincidente con el año 2020, tal como se lo permite el artículo 45 del Código Orgánico Tributario.

Esta omisión ha puesto gravemente en riesgo la salud pública y la seguridad de los empleados, funcionarios y ciudadanos, contribuyentes o no, y no coincide con las medidas urgentes, efectivas y necesarias que debe adoptar el Ejecutivo Nacional, con el propósito de proteger la salud de la población venezolana ante los devastadores efectos del coronavirus (COVID-19) y sus posibles cepas, privilegiando injustificadamente la recaudación tributaria sin medidas atenuantes y con un carácter preferente del que no goza constitucional ni legalmente, frente a la tutela de derechos humanos básicos de mayor importancia.

El Ejecutivo Nacional conoce las circunstancias notorias de riesgo sanitario inherente a la transmisión y adquisición del virus, la exposición del personal bancario, funcionarios del SENIAT y los contribuyentes y sus representantes o asistentes (abogados, contadores y demás profesionales). También conoce el Ejecutivo Nacional el colapso de los sistemas de salud público y privado, saturados de pacientes contagiados con la enfermedad generada por el COVID-19, así como las limitaciones que el mismo ha establecido al derecho a la libre circulación, traducidas en restricciones al transporte público y los cercos sanitarios en buena parte del país, todo lo cual afecta indudablemente el acceso a la información y 3 documentación, así como su procesamiento a efectos de determinar, declarar y pagar el tributo.

El hecho de que esté prevista la declaración y pago del impuesto sobre la renta por medios telemáticos no libera a los contribuyentes y responsables del impacto de aquellas medidas, a lo que debe agregarse la precaria calidad del servicio de Internet ofrecido en el país.

La pandemia afecta igualmente los ingresos de la población por lo que la mayoría de los países han recurrido a la técnica del fomento, subsidios, exenciones, exoneraciones, y otros beneficios económicos y tributarios para mitigar los efectos negativos que inciden en la capacidad económica de los contribuyentes.

Bajo estas circunstancias, el Ejecutivo Nacional está facultado conforme al mencionado artículo 45 del Código Orgánico Tributario para conceder, con carácter general, prórrogas y demás facilidades para el pago del impuesto sobre la renta, así como para acordar fraccionamientos y plazos para el pago de deudas atrasadas. Es más que evidente que el normal cumplimiento de la obligación tributaria se ve actualmente impedido o excesivamente dificultado por virtud de fuerza mayor y de las circunstancias excepcionales que afectan la economía del país.

La actitud del Ejecutivo Nacional de haber forzado la declaración del impuesto sobre la renta, incluso procurando con la autoridad bancaria extender el horario bancario a los fines del pago del tributo, en lugar de prevenir la enfermedad, atenta gravemente contra los derechos humanos de la población al poner en mayor riesgo la vida, salud e integridad personal de los ciudadanos.

El debido cumplimiento de las obligaciones tributarias, al que está obligada por ley la población, no se vería afectado de mediar una actuación responsable, diligente y humanitaria de parte del Ejecutivo Nacional, que se traduzca en el ejercicio de una competencia legal como la de conceder prórrogas a esos fines, plenamente justificada en la preservación de derechos fundamentales reconocidos en nuestra Carta Magna, la salud y la vida.

En Caracas, el primer día del mes de abril de 2021.

Julio Rodríguez Berrizbeitia
Presidente

Cecilia Sosa Gómez
Secretario

XXXIII. **REFLEXIONES DE LAS ACADEMIAS NACIONALES DE CIENCIAS ECONÓMICAS Y CIENCIAS POLÍTICAS Y SOCIALES SOBRE LA REALIDAD SOCIAL, POLÍTICA Y ECONOMICA DE VENEZUELA AL CELEBRARSE LOS 200 AÑOS DE LA BATALLA DE CARABOBO** (Expresan preocupación por la situación política, económica y social de Venezuela, destacando la falta de claridad y la manipulación del discurso oficial. Se critica la flexibilización económica del régimen, la corrupción y la entrega de territorios a grupos privilegiados. Además, se denuncia la creación de estructuras paralelas de poder, como las ciudades comunales, que socavan el sistema político federal.). 28.06.2021.

Las Academias Nacionales expresan su profunda preocupación por los diversos discursos y acciones ejecutadas por las autoridades nacionales, que impiden describir nuestro entorno político, económico, social e internacional con claridad.

A los fines de valorar los discursos y acciones que se despliegan actualmente en planos diferentes se requiere plantearlos desde distintas dimensiones con la más acabada sincronización entre la dimensión Económica, la Jurídica, la Política, la Internacional, la Electoral, la Institucional y la Social.

El discurso del régimen sobre la Dimensión Económica se caracteriza por querer mostrar su interés en una especie de flexibilización dado el rotundo fracaso del modelo del Socialismo del siglo XXI. Por ello, para atraer la voluntad de actores empresariales, desarrolla instrumentos como la denominada Ley Antibloqueo o el impulso de las Zonas Económicas Especiales. Ciertos personeros del gobierno, en algunos momentos, plantean la importancia de impulsar la producción manufacturera, aunque en la práctica, contradictoriamente, se liberan de aranceles de los productos terminados que compiten con ventaja frente a la producción nacional, cuya competitividad se ve disminuida por la apreciación del tipo de cambio real, la crisis de los servicios básicos y la escasez de combustible.

Estos planteamientos se desdibujan en un entorno sin Estado de derecho, donde la discrecionalidad es la norma de acción y la corrupción emerge como el mecanismo envilecedor de la gestión pública. De tal manera que el acceso a los estímulos que dicen avanzar, son otorgados a actores de los círculos cercanos a quienes están asidos al poder y lejos está en ser los factores que serían las figuras del mercado, la competencia, la eficiencia, la productividad y la calidad de vida del ciudadano.

Así, el territorio venezolano terminará siendo parcelado, tomando como ejemplo la poligonal del Arco Minero del Orinoco, entregada 'en concesión' a grupos que ganarían condiciones especiales y diferentes al resto del territorio –en principio asociados a libertad arancelaria, de regulaciones laborales y de cualquieras otras leyes que puedan ser suspendidas en dicho espacio- sin que por ello irradien beneficios a los ciudadanos en el resto del país.

Más aún, es indudable que esta aparente apertura económica no encaja con el impulso paralelo de las leyes comunales, la elección de integrantes de parlamentos comunales y la creación de ciudades comunales.

Nótese que el Parlamento Comunal sería legalmente la máxima instancia del autogobierno en la Comuna; y sus decisiones se expresan mediante la aprobación de normativas para la regulación de la vida social y comunitaria, coadyuvar con el orden público, la convivencia, la primacía del interés colectivo sobre el interés particular y la defensa de los derechos humanos. Las decisiones del Parlamento Comunal también se manifiestan en actos de gobierno sobre los aspectos de planificación, coordinación y ejecución de planes y proyectos en el ámbito de la Comuna. Ahora se plantea la necesidad de elegir los cinco voceros por Comuna que conforman el Parlamento Comunal.

Es un hecho anunciado el impulso del proyecto de ley de Ciudades Comunales, ciudades que se constituyen por iniciativa popular a través de la agregación de Comunas urbanas, rurales e indígenas, atendiendo a las diversas dinámicas funcionales y geo-históricas y de contigüidad espacial del sistema de agregación comunal.

De tal manera que el panorama político-económico que se perfila, manifiesta una triple organización: una para mantener la organización político territorial con los órganos de elección popular que corresponda, otra más que en lo económico para hacer negocios, y la última para la organización comunal, con los recursos que queden en las arcas nacionales, visto que la figura de las comunas se define como un espacio socialista y se la califica como entidad local, que dispondrá de los recursos que administre el Banco Comunal. Pero esta triple organización no se integra sistémicamente, sino que la una niega la otra, anulando cualquier impulso virtuoso que pudiera intentarse.

En este contexto, la Dimensión Electoral se abre con la convocatoria a comicios estadales y municipales en noviembre de 2021, impulsadas por unos rectores nombrados por una Asamblea Nacional espuria, que a su vez deviene de un Tribunal Supremo de Justicia cuyos magistrados no tienen tal investidura, pues fueron re-designados por una Asamblea Nacional Constituyente que impuso Nicolás Maduro, adulterando el principio de la representación popular, y que desapareció sin saber cuándo ni cómo. De allí que luzca contradictorio elegir a todas estas autoridades, dado que en los ámbitos de poder territorial en sus jurisdicciones estarán asignados a otros poderes de naturaleza centralizada y de ámbito nacional. Las ciudades comunales destruyen el sistema político federal y municipal de la República.

Así, en la práctica, no tendrán manera de ejercer las competencias que les corresponden. En consecuencia, se utiliza el voto de los electores para encubrir una constitucionalidad inexistente.

Las dimensiones económica y electoral se enlazan con la Dimensión Política, que a su vez plantea primeramente la contradicción existente ante la negociación entre oficialismo y partidos políticos, inducida por países de la Unión Europea, y algunos del continente Americano. La realidad es que mientras se habla de un Acuerdo de Salvación de Nacional, y por enésima vez, se espera una negociación seria, quien ejerce el control fáctico hasta ahora, se toma como entretención publicitaria y condiciona abiertamente su participación a una serie de medidas, que de no darse rompería con cualquier probabilidad de éxito. Lo cierto es que la ciudadanía no sabe qué se va a negociar, ni cómo, ni cuándo. Pero mientras esto se discute puede observarse cómo se pierde la soberanía del territorio de manera voluntaria.

Al tocar la dimensión política viene de suyo la Dimensión Internacional. En esta se coloca a Venezuela en la atención mundial de lo que ocurre, fundamentalmente por la violación grave de derechos humanos de toda naturaleza; y la migración masiva ocurrida, la que ha sido forzada por las condiciones críticas de una emergencia social y económica profunda y compleja, además de contribuir con la inestabilidad en la región. Es lo cierto que esa fuerza inicial de apoyo a la transición política en el año 2019/20 se ha ido debilitando y han cambiado con el tiempo los escenarios e intereses en el continente americano y europeo.

El Grupo de Lima dejó de ser interlocutor de lo que ocurría en Venezuela y ya no exhibe la constancia en denunciar la falta de democracia y estado de derecho en el país. La impunidad se ha agravado. El aislamiento de la población por falta de los servicios básicos, agua, luz, gas, transporte, falta de gasolina y de gasoil, muestra cómo a la violación de los derechos humanos se le ha sumado el agravamiento de la crisis humanitaria y una violencia silente contra los medios de comunicación y los comunicadores sociales, como no sea para la propaganda oficial.

La dimensión Institucional existe sólo para legitimar un conjunto de acciones ilegítimas como: una persona en ejercicio de facto de la presidencia de la

República; una Asamblea Nacional Constituyente que concluyó su período de dos años de existencia y desapareció sin que presentara al país proyecto constitucional alguno; una Asamblea Nacional que nació sin fundamento constitucional; un poder ciudadano que no existe. Todo es ilegítimo.

El Tribunal Supremo de Justicia sentencia cada vez que sea necesario pretendiendo transformar en legítimo lo que no lo es. La misma naturaleza espuria tiene el Consejo Nacional Electoral en funciones, ello por voluntad de la Sala Constitucional y quien dio órdenes a la Asamblea Nacional para que los designara. Esta realidad muestra la falta de independencia del poder judicial y la inexistencia de institucionalidad del sistema de justicia, la politización de la Fuerzas Armadas Nacionales, la militarización del ámbito civil de los poderes públicos y el pobre comportamiento en el ámbito democrático institucional del estado de derecho; todo ello evidencia la baja Gobernanza Mundial del índice elaborado por el Banco Mundial y en el grado de gran corrupción en que se coloca Venezuela en el Índice de Corrupción de Trasparencia Internacional.

La combinación de los factores señalados hace de la Dimensión Social la arista más deshumanizada, en la que más que sociedad, la resulta es una suma de habitantes de un territorio, de ciudadanos sin derechos, y con poca capacidad de exigirlos ante el poder político de facto, abandonados a la suerte de poder perseguir algunos dólares para sobrevivir y llevar alimento a la familia. La salud, derecho que permite proteger la vida, prácticamente no existe, menos en tiempos de pandemia del Covid-19 y sus variantes. Debe ser objeto de un análisis profundo si el desorden en la aplicación de las vacunas no es parte de una estrategia política del poder de hecho para disponer de un mecanismo que permita mantener encerrada a una población hasta que se acerquen las elecciones. Pero ante este desolador panorama, el interés prioritario de los políticos es el evento electoral marcado para noviembre de 2021, su dilema es si participan o no, y se discute sobre si habrá garantías o no, mientras los derechos fundamentales de las personas no cuentan para la acción política.

La estrategia de confusión, que germina en la falta de confianza, producto de décadas de engaño y abandono, ha logrado la total desconexión entre la ciudadanía y sus líderes políticos, generando la consolidación del peor de los escenarios, la estabilidad del régimen de facto, por la incapacidad de sumar voluntades para que los verdaderos cambios se concreten. No es un simple asunto de proclamar una unión vacía, sino de entender la naturaleza del descalabro multidimensional en la que está sumida Venezuela, de reconocer las fallas de las estrategias pasadas, las agendas e intereses de determinados grupos, y de no insistir en aquellas tácticas que solo sirven para mantener determinados espacios vacíos de poder.

La hora menguada por la que atraviesa nuestra Nación solo podrá superarse con un compromiso cierto, firme y honesto que sea el resultado de un plan de rescate que debe estar íntegramente sistematizado para que de nuestra República tenga como finalidad no solo un cambio político, sino un esfuerzo radical de desarrollo integral en libertad de nuestra sociedad, que sea sustentable y por tanto permanente.

Caracas, a los 28 días del mes de junio de 2021

Por: Academia Nacional de Ciencias Económicas
Sary Levy Carciente
Presidente

Academia Nacional de Ciencias Políticas y Sociales
Julio Rodríguez Berrizbeitia
Presidente

## XXXIV. **PRONUNCIAMIENTO SOBRE LA LEY DE REGISTROS Y NOTARÍAS** (Se denuncia que la reforma legal tiene un propósito exclusivamente fiscalista. El uso del Petro busca dolarizar los servicios, incrementando desproporcionadamente el costo de acceso a estos trámites.). 01.03.2022.

La Academia de Ciencias Políticas y Sociales de Venezuela, en cumplimiento de los fines que le asigna su ley de creación, fija posición respecto del contenido de la Ley de Registros y Notarías, publicada en fecha 16 de diciembre de 2021, en Gaceta Oficial de la República Bolivariana de Venezuela N° 6.668 Extraordinario y de su instrumentación a través de las providencias dictadas por el Servicio Autónomo de Registros y Notarías (SAREN), publicadas en fecha 20 de enero de 2022, en Gaceta Oficial de la República Bolivariana de Venezuela N° 42.301, en las que fundamentalmente se procedió a sustituir a la Unidad Tributaria por el Petro como medida de valor para la fijación de las tasas e impuestos exigidos con ocasión de las actividades registrales y notariales y se establecieron los importes específicos a ser cobrados por cada uno de los servicios prestados en ese ámbito.

Esta Academia, ha insistido en la defensa y en la necesaria vigencia de los valores y principios que inspiran el sistema constitucional venezolano, entre los que destacan los relativos al libre desenvolvimiento de la personalidad, pleno ejercicio de la ciudadanía, el desarrollo económico social y la protección del patrimonio personal y familiar, cuyo ejercicio requiere, entre otras, de la certidumbre institucional que deriva de instrumentos legales que permitan instrumentar el derecho de la fe pública.

En ese contexto, las actividades registrales y notariales son reconocidas como un servicio público de interés general de depositarios de fe pública y de servicio preventivo de prueba y conservación de los derechos que garantizan la efectividad del derecho de acceso a la justicia y, por tanto, son medios auxiliares de la administración de justicia.

A la luz de lo señalado, ante la promulgación de la Ley de Registros y Notarías y el dictado por el SAREN de las cuatro (04) providencias en las que se fijan las tasas e impuestos a ser exigidos por Registros Principales, Registros Públicos,

Registros Mercantiles y Notarías, la Academia de Ciencias Políticas y Sociales se ve en la necesidad de pronunciarse, rechazando su contenido, por las siguientes razones jurídicas:

1. La Asamblea Nacional no hizo las respectivas consultas sobre esta reforma legislativa a los otros órganos del Estado, a los ciudadanos y ciudadanas, especialmente a los expertos independientes en la materia y a la sociedad civil organizada, de conformidad con lo previsto en el artículo 211 de la Constitución de la República.

   La legitimidad democrática no se alcanza exclusivamente con el cumplimiento de un procedimiento parlamentario o una relación entre los diferentes legisladores, o entre el ciudadano y el gobierno, sino que demanda también, una interacción y discusión real entre los mismos ciudadanos.

   En el caso de la reforma de la Ley de Registro y Notarías no se consultó a los estados, al gremio de abogados especialistas y sus asociaciones y a los sectores del mercado inmobiliario y mercantil, para oír su opinión sobre el proyecto de ley, lo que se puso en evidencia en el hecho objetivo de que entre la Primera y la Segunda Discusión del instrumento, tan solo medió un día.

2. La reforma de la Ley de Registros y Notarías tiene un propósito exclusivamente fiscalista. Se limitó a sustituir uno a uno a la Unidad Tributaria por el Petro para ajustar los importes exigidos por los servicios prestados por los registros y notarías. Este solo cambio implica un desproporcional aumento de 1.360.000,00 %, promedio en el valor de las tasas. Dejó el Legislador de lado en la reforma la adopción de medidas dirigidas a atender la problemática operativa del servicio signada por la lentitud, exceso de discrecionalidad, indefensión del usuario y focos de irregularidades constantemente denunciadas por la población.

3. La Ley de Registro y Notarías viola los principios constitucionales del sistema tributario de legalidad, de progresividad, de equidad y la prohibición del carácter confiscatorio de los tributos. La desproporción del ajuste desnaturaliza, además, a las tasas notariales y registrarles convirtiéndolas en impuestos indirectos, y conduce a la violación del derecho de acceso a la justicia, los derechos del estado civil, de adquisición y disposición de la propiedad, de libre asociación, del derecho de trabajo de los abogados y de su participación en el sistema de justicia y de la garantía de la seguridad jurídica del régimen socioeconómico constitucional.

4. Escoger el Petro en lugar de a la Unidad Tributaria como unidad de cuenta para el cálculo de las tasas exigidas con ocasión de las actividades registrales y notariales, solo persigue el propósito de dolarizar tales servicios, lo que implica, no solo, un incremento desproporcionado, sino también, constante en el costo a su acceso por los usuarios de trámites por ante esas instancias. Los documentos objeto de protocolización y

autenticación se expresan en bolívares y las obligaciones tributarias deben ser determinadas y pagadas en bolívares, según ordena el artículo 146 del Código Orgánico Tributario.

5. Insiste la Asamblea Nacional en violentar el Principio de Reserva de Ley consagrado en materia tributaria en los artículos 133 y 317 de la Carta Magna, al facultar al Director o Directora del SAREN a fijar las tasas a ser exigidas con ocasión a la actividad registral y notarial, teniendo como única limitante a esos efectos, los mínimos y máximos establecidos por el Legislador. Con ello no solo se violenta el mencionado principio histórico de la tributación, sino que el margen de discrecionalidad que se concede al SAREN es de tales magnitudes que esas bandas de acción terminan por no cumplir cometido alguno.
6. La Ley de Registro y Notarías desvirtúa las tasas como tributos que paga el receptor de un servicio prestado por un ente público, puesto que no toma en cuenta el coste del servicio, sino los importes de las transacciones o el valor de los bienes que constituyen su objeto con base en la oferta y la demanda en el contexto de una realidad hiperinflacionaria.
7. Incurre la Ley de Registros y Notarías en claro fraude constitucional al simular la creación de un impuesto sobre transacciones inmobiliarias en favor de la Hacienda Pública Municipal, conforme lo prevé el numeral 14 del artículo 156 del Texto Fundamental, por cuanto no concibe e instrumenta a tal tributo no como un verdadero impuesto (Art. 91), en tanto su importe es el equivalente fijo en bolívares de una cantidad de Unidades Tributarias que resulta prácticamente inexistente. A su vez, el Legislador califica de tasa por procesamiento de documentos relativos a actos de disposición de bienes inmuebles (Art. 83.7) lo que en realidad es el impuesto asignado constitucionalmente a los municipios, por cuanto dicho tributo se calcula aplicando una alícuota porcentual sobre el importe de la transacción inmobiliaria cuyo producido se asigna al SAREN.

Visto los vicios que presenta la Ley de Registros y Notarías y la amenaza que representa el tratamiento conferido por dicho instrumento y las providencias dictadas por el SAREN al pleno acceso de la población al importante servicio público que prestan los Registros y Notarías en el país, todo lo cual, atenta contra el respeto y pleno ejercicio de derechos fundamentales en áreas tan sensibles como la civil, económica y política, es necesario alertar sobre la gravedad de las medidas adoptadas por el Poder Público Nacional y la urgente necesidad que existe de revisar y atender debida e integralmente tan sensible materia.

Caracas, 01 de marzo de 2022

Julio Rodríguez Berrizbeitia
Presidente

Cecilia Sosa Gómez
Secretario

## XXXV. **PRONUNCIAMIENTO DE LA ACADEMIA DE CIENCIAS POLÍTICAS Y SOCIALES EN RECHAZO A LA "LEY DE IMPUESTO A LAS GRANDES TRANSACCIONES FINANCIERAS"** (Rechaza la reforma de LIGTF alertando que, viola garantías elementales de la tributación y es particularmente asistemática e injusta, inoportuna en momentos de contracción económica, ya que grava el uso del sistema financiero y de pagos, no la renta, el consumo o el patrimonio). 24.03.2022.

1. La Academia de Ciencias Políticas y Sociales, en cumplimiento de sus atribuciones legales, se dirige a la Nación para manifestar su absoluto rechazo a la denominada reforma de la "Ley de impuesto a las grandes transacciones financieras" (LIGTF), (Gaceta Oficial N° 6687 extraordinario del 25 de febrero de 2022) y alertar a la ciudadanía que la modificación de este impuesto viola las más elementales garantías constitucionales que rigen y condicionan la legitimidad de la tributación en Venezuela y los derechos de los contribuyentes.

2. La pretendida reforma es asistemática e injusta, al propio tiempo que resulta inoportuna, en momentos de contracción económica y severas restricciones monetarias que apuntalan la inconveniencia de una exacción que no grava la renta, el consumo o el patrimonio, sino que recae sobre el uso del sistema financiero y de pagos y otras manifestaciones no indicativas de la capacidad contributiva real.

3. El IGTF es un tributo indirecto de tipo plurifásico, pero acumulativo, por lo cual es altamente regresivo e inflacionario. Se trata del paradigma de un tributo que contradice los fines del sistema fiscal previstos en el artículo 316 constitucional: no protege la economía nacional ni el nivel de vida de la población, sino que la empobrece, perturbando el uso de los recursos en efectivo y los flujos de caja de la población.

4. La llamada reforma de la LIGTF radicaliza los propósitos fiscalistas del gravamen, generalizando su aplicación a cualquier transacción en la economía, sea a personas naturales o jurídicas, sujetos pasivos especiales o no, con específica penalización del uso de la moneda extranjera mediante un tipo impositivo agravado. Paradójicamente el impuesto desdice de su nombre y recae regresivamente sobre cualquier transacción por humilde que sea, percutiendo indignamente a los consumidores finales y pequeños contribuyentes.

5. La exposición de motivos de la llamada ley de reforma reconoce su intención fiscalista al afirmar que (i) permitirá un aumento de la recaudación del 5.4 % del IGTF (actualmente del 15% del total nacional) y que (ii) incentivará el uso del bolívar respecto de la moneda extranjera.

6. Con ello hace evidente su ilegitimidad al pretender sobreponer propósitos recaudatorios ante la primacía constitucional del respeto de los dere-

chos fundamentales a la igualdad, proporcionalidad y capacidad económica real y efectiva de los contribuyentes.

7. Pretender que el IGTF incentivará el uso de la moneda de curso legal es una falacia. La disfunción del bolívar no es casual. Su efecto, la dolarización transaccional de la economía venezolana, es el resultado del colapso del modelo socialista de desarrollo implantado en Venezuela desde 1999 hasta el presente. La única forma real de incentivar la recuperación del bolívar es creando las condiciones efectivas de crecimiento de la economía venezolana mediante políticas públicas monetarias y fiscales creíbles, coherentes y no simplemente penalizando fiscalmente el uso de la moneda extranjera como medio pago.

8. Adicionalmente, esta Academia no puede dejar de denunciar la violación de la reserva legal tributaria, al pretender facultar al Ejecutivo Nacional para fijar discrecionalmente las alícuotas del tributo, dentro de márgenes excesivos por su amplitud, en infracción de los artículos 133 y 317 constitucionales.

9. Finalmente, destacamos cómo esta reforma del IGTF recarga ostensiblemente los deberes formales y de cooperación de los contribuyentes; con ello los costos de cumplimiento, dificulta la facturación y perturba pesadamente los pagos y la actividad económica, tal como acontece con la Providencia N° SNAT/2022/000013, de fecha 3 de marzo de 2022 (Gaceta Oficial N°42.339 de fecha 17 de marzo de 2022), mediante la cual la Administración Tributaria designó a los sujetos pasivos especiales como agentes de percepción de dicha exacción.

10. Por eso el destino del IGTF es inconsistente con el bien común. La generalización del tributo sobre toda forma de transacción y sujeto operador profundizará la situación de colapso macroeconómico de la economía venezolana, caracterizada por el decrecimiento, la hiperinflación e hiperdepreciación del bolívar y radicalizará el estancamiento de la poca actividad económica formal en el país.

11. En conclusión, esta reforma demuestra nuevamente que ignora el principio de supremacía constitucional y los principios democráticos de la tributación, desconoce conceptos elementales de la técnica jurídica y atenta contra la noción de progresividad y efectiva vigencia de los derechos humanos en la tributación.

En Caracas, a los veinticuatro (24) días del mes de marzo de 2022.

Julio Rodríguez Berrizbeitia
Presidente

Cecilia Sosa Gómez
Secretario

## XXXVI. **PRONUNCIAMIENTO SOBRE EL PROYECTO DE LEY ORGÁNICA DE COORDINACIÓN Y ARMONIZACIÓN DE LAS POTESTADES TRIBUTARIAS DE LOS ESTADOS Y MUNICIPIOS** (Se denuncia que la coordinación y armonización tributaria deben hacerse mediante una ley formal del Poder Legislativo Nacional, sin delegar en órganos administrativos del Poder Ejecutivo. Una ley de coordinación debe considerar la capacidad contributiva de los venezolanos y evitar la multi-imposición estadal y municipal, consultando a todos los sectores económicos y sociales.). 17.11.2022.

**La Academia de Ciencias Políticas y Sociales**, en ejercicio de las atribuciones que le confiere el artículo 3 de su ley de creación, y considerada la trascendencia del proyecto de Ley Orgánica de Coordinación y Armonización de las Potestades Tributarias de los Estados y Municipios que actualmente se discute en la Asamblea Nacional, fija su posición en los términos siguientes:

1) La Constitución de la República Bolivariana de Venezuela ("Constitución"), en su artículo 156, ordinal 13, establece entre las competencias del Poder Público Nacional la "legislación para garantizar la coordinación y armonización de las distintas potestades tributarias". Por lo cual, tratándose de una legislación marco de la tributación, el mandato constitucional incluye las potestades tributarias de los tres niveles del Poder Público: nacional, estadal y municipal. En tal virtud, aquélla, independientemente de que pueda estar contenida en diversos instrumentos, debe abordar, con carácter prioritario, el ejercicio de la potestad tributaria del Poder Nacional, porque es la de mayor extensión y potencial recaudatorio en el espectro del sistema tributario del país; y por haberse desarrollando de manera desordenada, alejándose cada vez más de los principios constitucionales rectores de la materia. La potestad tributaria nacional ha copado prácticamente la totalidad de las especies que ella permite, quedando considerablemente reducido el universo de las asignadas o cedidas a los estados y municipios. Tal realidad, se ha traducido en un inconveniente desbalance entre las funciones y cometidos asignados a los llamados "entes menores" y sus fuentes de financiamiento, en evidente desacato al mandato constitucional que procura el fortalecimiento de la descentralización administrativa y de la autonomía financiera de todos los entes político-territoriales.

2) Cualquier iniciativa legislativa dirigida a la coordinación y armonización de potestades tributarias debe partir de la noción de sistema tributario invocada en el artículo 316 de la Constitución, con proyección unificadora y sincronizadora de la multiplicidad de tributos creados por todos los tres niveles político territoriales del Poder Público. Ello, en virtud de que su incidencia sobre los contribuyentes, conforme se hayan articulados en la red normativa de distribución de ingresos tributarios

prevista en los artículos 156 (ordinales 12, 13 y 14) 164, 167, 179 y la Disposición Transitoria Cuarta, numeral 6, de la Constitución.

3) Debe advertirse que la norma constitucional exige que la coordinación y armonización tributarias se haga mediante una ley formal del Poder Legislativo Nacional, lo cual subordina la intervención del Ejecutivo Nacional a lo que establezca el legislador. De manera que una ley dirigida a la coordinación y armonización de potestades legislativas estadales y municipales, no debe delegar a órganos administrativos del Poder Ejecutivo Nacional el ejercicio unilateral de las funciones dirigidas a esos objetivos, sino solamente a su implementación técnica. Ello, además debe estar dirigido con el cuidado de no violentar el "principio de reserva de ley" a la que se encuentra constitucionalmente sujeta la materia tributaria (art. 187, num. 6 y art. 317, Constitución), ni suprimir o vulnerar la autonomía de estados y municipios en la administración de sus recursos, ni mucho menos eliminar su participación en dichas funciones.

4) Es de suma importancia que una ley de coordinación y armonización tributaria tenga muy presente la capacidad contributiva de los venezolanos, obligados a tributar frente a los tres niveles político-territoriales, pues los excesos en la presión fiscal global han copado la capacidad económica de los contribuyentes y han dificultado la recuperación de la debilitada economía nacional, que comprende tanto al sector público como al sector privado. En este sentido, es necesario resaltar el principio constitucional conforme al cual, el sistema tributario procurará la justa distribución de las cargas públicas, según la capacidad económica de los contribuyentes (art. 316, Constitución). Ello hace necesario la consulta abierta a todos los sectores económicos, así como también a las universidades, academias, gremios, asociaciones especializadas y no sólo a los entes públicos directamente interesados.

5) Aunque el proyecto presentado es una iniciativa positiva para dar cumplimiento a un mandato constitucional, sobre todo en lo que respecta al capítulo relativo a las disposiciones generales, debe coordinarse esta ley marco con la Ley Orgánica del Poder Público Municipal. Esta última Ley, dictada originalmente en el año 2005, incluyó muchas disposiciones que avanzaron en la armonización de los tributos municipales, habiendo tenido una larga aplicación de indudable mérito, que no debe ser ignorada, a pesar de los obstáculos encontrados en su instrumentación.

6) Deben revisarse conscientemente, con detenimiento y sin precipitación, los artículos que contienen medidas concretas para evitar la multi-imposición estadal y municipal, en particular en lo referente a los topes a las bases imponibles y alícuotas de los tributos municipales principales, tablas de valores, la unidad de cuenta dinámica, criterios para regular el cobro de los servicios públicos, el registro común de contribuyentes,

la duración y renovación de las licencias y la simplificación de trámites administrativos.

7) En particular, esta Academia manifiesta su rechazo frente la llamada "unidad de cuenta dinámica", destinada a ser referencia para el cálculo actualizado de las bases de los tributos, accesorios y sanciones, con adopción de la "moneda extranjera de mayor valor", aunque se prevea el pago en bolívares. Ese pretendido ajuste (i) desnaturaliza la obligación tributaria convirtiéndola en una obligación de valor; (ii) implica una múltiple forma de ajuste de la obligación tributaria que distorsiona la capacidad económica efectiva de los contribuyentes; (iii) desconoce el uso del bolívar como: (a) moneda de curso legal para la denominación de los tributos y; (b) moneda funcional del entorno económico de la tributación y de las finanzas públicas del país. Todo ello, en infracción de los artículos 316, 318 constitucionales, 146 del Código Orgánico Tributario y 117 de la Ley del Banco Central de Venezuela.

8) No deben quedar fuera de las medidas de coordinación y armonización que ha de adoptar el legislador nacional, las dirigidas a racionalizar, compatibilizar y modernizar la normativa tributaria aplicable al sector de los hidrocarburos, con miras a generar el máximo de seguridad jurídica y verdaderos incentivos en un área prioritaria en la reactivación de la economía nacional.

Finalmente, la Academia de Ciencias Políticas y Sociales hace un llamado a la Asamblea Nacional y en especial a los integrantes de la comisión legislativa que examina el proyecto de ley, para que reciba democráticamente la participación de todos los sectores del país, organismos, gremios, asociaciones y expertos tributarios, interesados o dotados de conocimiento en la materia, a fin de que se logre un instrumento legislativo acorde con las necesidades del país.

En Caracas, a los 17 días del mes de noviembre de 2022.

Julio Rodríguez Berrizbeitia
Presidente

Luciano Lupini Bianchi
Primer Vicepresidente

Rafael Badell Madrid
Segundo Vicepresidente

Cecilia Sosa Gómez
Secretario

Gerardo Fernández Villegas
Tesorero

Carlos Ayala Corao
Bibliotecario

## XXXVII. **DECLARACIÓN EN RELACIÓN CON LA POLÍTICA SALARIAL IMPLEMENTADA POR EL EJECUTIVO NACIONAL Y LA "LEY DE PROTECCIÓN DE LAS PENSIONES DE LA SEGURIDAD SOCIAL FRENTE AL BLOQUEO IMPERIALISTA"** (Se rechaza la Ley de Protección de las Pensiones de la Seguridad Social por sus implicaciones negativas y su contradicción con el sistema tributario y laboral. La solución al déficit del sistema de seguridad social se busca en la estabilización económica y la administración transparente de recursos, no en cargas adicionales.). 15.05.2024.

La Academia de Ciencias Políticas y Sociales, en cumplimiento de sus atribuciones legales, se dirige a la sociedad venezolana para fijar posición respecto de la política salarial implementada por el Ejecutivo Nacional y rechazar la reciente "Ley de Protección de las Pensiones de la Seguridad Social frente al Bloqueo Imperialista" (LPPSS)[17], por su cuestionable validez e inconvenientes implicaciones para la población.

La situación de déficit financiero por la que atraviesa el sistema de seguridad social en Venezuela está muy lejos de poder cumplir con sus objetivos constitucionales y legales. La solución a esa problemática no se encuentra en la creación de cargas adicionales contrarias al sistema tributario y al régimen laboral consagrados en el Texto Fundamental, ni de espalda a la grave contracción económica que vive el país desde hace varios años y a una capacidad contributiva agotada del sector privado de nuestra economía.

El Ejecutivo Nacional mantiene inalterado desde hace tres años consecutivos el importe del salario mínimo y en su lugar introdujo el uso de bonos denominados en dólares y pagaderos en bolívares. Esta práctica es inconstitucional y la metodología ineficaz para preservar el poder adquisitivo del salario y ha contribuido al descalabro de las percepciones remunerativas, entre ellas, las prestaciones sociales, vacaciones, aguinaldos y utilidades que, justamente, parten en su cálculo del salario.

Aquella política no solo afecta a los trabajadores activos, sino que se extiende a grupos más vulnerables aun, entre ellos, el de los pensionados y jubilados, integrados fundamentalmente por los adultos mayores, cuyas pensiones se encuentran igualmente atadas al salario mínimo.

La pretendida indexación que procura el mecanismo ideado por el Ejecutivo Nacional ni siquiera resulta eficaz, en tanto, por una parte, adopta una base de por sí insuficiente para cubrir las necesidades básicas del trabajador y, por la otra, porque al superar la inflación el nivel de la depreciación del bolívar respecto del dólar, la capacidad de compra del trabajador, pensionado o jubilado continuará deteriorándose con el paso del tiempo.

---

[17] *Gaceta Oficial de la República Bolivariana de Venezuela* N° 6.806 Extraordinario de fecha 8 de mayo de 2024.

Mientras no se estabilice la economía nacional, se administren con transparencia y eficiencia los recursos públicos, se garanticen al sector productivo condiciones apropiadas para su desarrollo y no se regrese la anhelada racionalidad al salario y demás remuneraciones laborales, no será posible la recuperación de la seguridad social, mucho menos, bajo el principio de la universalidad.

La consecución de los objetivos trazados por el Poder Público Nacional, en cumplimiento del deber de solidaridad y responsabilidad social en un Estado de Derecho y Justicia como el venezolano, debe circunscribirse a lo permitido por el ordenamiento jurídico, de manera que, no solo es importante el propósito perseguido, sino también, los medios empleados para alcanzarlo y la manera como se instrumenten.

En ese sentido, la Academia de Ciencias Políticas y Sociales considera que la LPPSS, independientemente de sus fines, no constituye un medio idóneo a esos efectos, por las siguientes razones:

1. El tributo se ***solapa innecesariamente*** y contradice la contribución creada por la Ley del Seguro Social y su Reglamento General que han de efectuar los empleadores al IVSS (Art. 109: 9% al 11% del salario normal), desviando los recursos al tesoro nacional y no al ente encargado de la seguridad social. Tal diseño desarmoniza la tributación en tan sensible área e incrementa la incertidumbre que tienen los venezolanos sobre el manejo eficiente y transparente de esos fondos. En lugar de una medida como la adoptada, se sugiere la revisión del cúmulo de la parafiscalidad imperante en el país para eliminar o modificar algunas de ellas y así abrir espacio para los ajustes requeridos en materia de seguridad social.

2. Adicionalmente, la base imponible de la "contribución especial" ***contradice*** y viola la restricción del artículo 107 del Decreto con Rango, Valor y Fuerza de Ley Orgánica del Trabajo, los Trabajadores y las Trabajadoras que limita la base imponible de los llamados "tributos a la nómina" a la medida del salario normal, criterio legal que no tiene nada que ver con el artificial concepto de "ingreso mínimo integral indexado" que solo aplica al sector público.

3. El impuesto es ***discriminatorio*** porque grava exclusivamente al sector privado de la economía, lo que es contrario al principio de universalidad de la seguridad social que incumbe a toda la población, independientemente de que se haya cotizado o no, incluido el sector público, que es el primer empleador en el país. Creemos necesaria la rendición de cuentas acerca del déficit real de los fondos de pensiones que mantiene el IVSS y sus cálculos actuariales para entender la dimensión del referido déficit.

4. La Ley ***deslegaliza*** la fijación de elementos esenciales a la determinación del tributo y ***delega indebidamente*** en el Presidente de la República la fijación de la alícuota según el tipo o actividad económica, en violación del constitucionalizado principio de reserva de ley, otorgando una

herramienta discrecional que se puede prestar como forma de control (o beneficio) político y económico a sectores del país, en desmedro de la generalidad del tributo y de los principios de seguridad jurídica y certeza en la tributación.

5. La base imponible de la "contribución especial" es **regresiva** e inconsistente con una medida efectiva de la capacidad contributiva que pueda representar el pago del salario y las bonificaciones no salariales, pues se configura en un desestimulo a las mejoras salariales y no salariales de los trabajadores. Mientras mayores beneficios se otorguen al trabajador, más alta será la carga tributaria para el empleador y menor sus posibilidades de crecimiento. Se trata de una base imponible que, para evitar tan perverso efecto, debió tener un techo, tal como lo prevé el artículo 114 de la Ley Orgánica del Sistema de la Seguridad Social (10 salarios mínimos) respecto de los aportes al IVSS.

6. Adicionalmente, el diseño de la base imponible del tributo está **desconectado de la realidad contributiva**, pues si la capacidad de un empleador de pagar salarios y otras bonificaciones es menor al "ingreso mínimo integral indexado", igual se le obliga a contribuir con base en una capacidad contributiva inexistente.

7. La ley no toma en cuenta aquellos casos de empleadores que han adoptado políticas internas en materia de jubilaciones por vejez, incapacidad, invalidez y sobrevivencia, lo que implica una mayor onerosidad sobre los aportes que a esos efectos realiza el empleador, sin disponer medidas de neutralización o desgravación consecuente.

8. La **sanción** prevista para quien no presente la declaración de la "contribución especial" viola los artículos 79 y 103 del Código Orgánico Tributario (COT) al elevar a 1.000 veces el tipo de cambio oficial de la moneda de mayor valor publicada por el BCV, cuando este tipo de deber formal es sancionado en el COT, de aplicación preferente, con multa entre 100 y 150 veces el tipo de cambio oficial de la moneda de mayor valor publicada por el ente emisor. Nuevamente se recurre a una sanción a contrapelo del principio de proporcionalidad, idoneidad y última ratio de las sanciones que dan cuenta del distorsionado uso recaudatorio de los ilícitos y de la inaceptable fórmula del Derecho Penal del Enemigo, del derecho penal del autor, en este caso, el empleador-contribuyente.

9. En cuanto a la vigencia de la LPPSS con su sola publicación, debe observarse, que su aplicación efectiva está supeditada al dictado de los decretos presidenciales que fijen la(s) alícuota(s) de la contribución. Sin embargo, no puede obviarse que las leyes creadoras de tributos, según los artículos 317 de la Constitución de la República Bolivariana de Venezuela y 8 del COT deben establecer una ***vacatio legis*** de, al menos, sesenta (60) días, que se traduzca en un margen de tiempo razonable

para que contribuyentes y administración tributaria, ajusten su proceder en función de las nuevas obligaciones materiales y formales, todo ello, en expresión de la seguridad jurídica que debe rodear la materia.

10. Finalmente, la Academia de Ciencias Políticas y Sociales exhorta al Poder Público Nacional a mantener un diálogo social permanente en materia laboral y tributaria, para recuperar, por una parte, la función del salario y, por la otra, lograr la anhelada armonización tributaria que forzosamente ha de pasar por procurar racionalidad entre las excesivas cargas impuestas al sector productivo del país, sin lo cual no será posible, insistimos, alcanzar una solución apropiada a la crisis de la seguridad social. A todos esos fines esta Corporación ofrece al país su inmediata colaboración técnica y académica.

En Caracas, a los quince días del mes de mayo del año dos mil veinticuatro.

Presidente
Luciano Lupini Bianchi

1er. Vicepresidente
Rafael Badell Madrid

2do, vicepresidente
Cecilia Sosa Gómez

Secretario
Gerardo Fernández Villegas

Tesorero
Salvador Yannuzzi Rodríguez

Bibliotecario
Juan Cristóbal Carmona Borjas

# QUINTA PARTE
# FUERZA ARMADA NACIONAL

## XXXVIII. COMUNICADO DE LA ACADEMIA DE CIENCIAS POLÍTICAS Y SOCIALES SOBRE LAS AGRESIONES POR FUNCIONARIOS MILITARES CONTRA LA ABOGADA EVA SOFIA LEAL. (Se condena la agresión de la abogada Eva Sofía Leal por la Guardia Nacional en Barquisimeto el 23 de junio de 2020, Se denuncia la violación de sus derechos humanos y respeto a los derechos durante la pandemia. Alertan sobre atropellos similares contra otros grupos.). 24.06.2020.

La Academia de Ciencias Políticas y Sociales condena la agresión policial de que fue víctima la abogada ***Eva Sofía Leal*** el día 23 de junio de este año por parte de agentes de la Guardia Nacional Bolivariana. La injustificada violencia ejercida contra la mencionada abogada fue recogida en un video difundido en las redes sociales que muestran una crueldad espeluznante.

Los hechos, según narran los medios de comunicación y las redes sociales, ocurrieron cuando la abogada Leal se dirigía a su residencia en la ciudad de Barquisimeto el 23 junio pasado, día del Abogado. En ese momento fue interceptada en una alcabala de la Guardia Nacional, cuyos funcionarios mostraron una conducta inadecuada y abusiva: al percatarse que ***Eva Sofía Leal*** estaba grabando la conversación y las exigencias de parte de unos agentes militares, fue agredida y golpeada para despojarla de su teléfono celular. Por si fuera poco, la víctima de este abuso fue además arbitrariamente detenida y presuntamente ha sido sometida a juicio militar.

La anterior conducta de los funcionarios de la Guardia Nacional configura una violación de los derechos humanos de la abogada ***Eva Sofía Leal*** a la integridad personal, libertad de expresión, libertad personal y libre circulación. Aún bajo las medidas restrictivas que hayan podido dictarse debido a la pandemia causada por el Covid-19, ello no significa que las autoridades militares y policiales puedan agredir, vejar, golpear, despojar y herir a quienes, justificada o injustificadamente, estén circulando por las calles o se vean en la necesidad de trasladarse dentro de una determinada localidad. Ir a la farmacia, al supermercado o cualquier otra necesidad urgente, no puede merecer una agresión como la descrita. Las personas no pueden ser detenidas y enjuiciadas arbitrariamente, muchos menos ante la jurisdicción militar.

Igualmente hay que llamar la atención sobre los atropellos que incluso durante la pandemia han sido víctimas, entre otros, abogados, defensores de derechos humanos, lideres sociales, miembros de la oposición, trabajadores de la salud y periodistas, en el ejercicio legítimo de sus derechos.

La Academia hace un firme llamado público a:

1. Respetar los principios sobre el uso de la fuerza por parte de los funcionarios públicos, adoptados por las Naciones Unidas y recogidos en nuestro ordenamiento jurídico interno;

2. Investigar a los funcionarios responsables de las violaciones a los derechos humanos de la abogada ***Eva Sofía Leal***, a fin de aplicar con debido proceso las sanciones disciplinarias, administrativas, penales y civiles;

3. Poner de inmediato en libertad a la abogada ***Eva Sofía Leal***; cerrar el proceso penal militar que haya podido abrirse en su contra; y repararle los daños personales causados; y

4. Respetar y garantizar los derechos humanos de todas las personas en la ejecución de las medidas necesarias, adecuadas, razonables y proporcionales para enfrentar la pandemia, conforme a la Constitución y el Derecho internacional.

En Caracas, a los 24 días del mes de junio de 2020.

Humberto Romero-Muci
Presidente

Rafael Badell Madrid
Secretario

# SEXTA PARTE
# PROTECCIÓN DE LA INTEGRIDAD TERRITORIAL DE LA REPUBLICA Y LA PROTECCIÓN DEL AMBIENTE

## XIX. **PRONUNCIAMIENTO DE LAS ACADEMIAS NACIONALES EN RECHAZO A LA MINERIA ILEGAL Y EL ARCO MINERO: VIOLACIÓN DEL ORDENAMIENTO LEGAL, EFECTOS SOCIOAMBIENTALES Y VULNERACIÓN DE LOS DERECHOS HUMANOS DE LOS PUEBLOS INDÍGENAS** (Se alerta sobre los graves impactos de la minería ilegal en Amazonas y Bolívar, la violación de derechos indígenas y los daños irreversibles a ecosistemas y salud pública, por la explotación en ríos y riberas.). 20.07.2020.

Las Academias Nacionales expresan al país su profunda preocupación por la ilegítima, inconstitucional e inconvencional actividad minera desplegada en los estados Amazonas y Bolívar, y principalmente en el denominado "Arco Minero del Orinoco", zona en la que actúan de manera caótica e impune grupos irregulares.

Esta actividad minera resulta ilegal, a pesar del Decreto 2.248 que creó el proyecto denominado Zona de Desarrollo Estratégico Nacional Arco Minero del Orinoco. Viola los derechos de los pueblos indígenas y demás poblaciones locales, pudiendo incluso su desaparición masiva; amenaza con afectar de forma irreversible la biodiversidad de toda la región, incluidas unidades de conservación, entre ellos el Parque Nacional Canaima, declarado por la UNESCO como Patrimonio de la Humanidad; pone en riesgo especies vivas, algunas en peligro de extinción, y procesos ecológicos, en menoscabo del derecho constitucional a un medio ambiente sano, seguro y ecológicamente equilibrado de todos los venezolanos.

Las actividades extractivas de oro, diamantes y demás minerales denominados "estratégicos", tanto en fase de exploración como de explotación, en los afluentes del Orinoco y del Caroní, causarán daños ambientales irreparables a la salud de seres humanos, ecosistemas y áreas protegidas, comprometiendo el ciclo hidrológico de las cuencas amparadas por convenios internacionales, como la cuenca del Caroní que provee una de las reservas de agua dulce más importantes del país y generadora del 60% de energía que abastece a centrales hidroeléctricas.

De allí que sea un deber ético y jurídico con el país y las futuras generaciones rechazar estas actividades que afectan no solo el ambiente, su flora y fauna, sino la salud humana, tanto de mineros como de la población en general, así como los derechos humanos de los pueblos indígenas, que no solo no fueron consultados según el respectivo mandato legal. En contraposición, las poblaciones originarias y locales están siendo afectadas por compuestos tóxicos como el mercurio y el cianuro, y por el incremento de áreas potenciales de transmisión de enfermedades emergentes (COVID-19) y reemergentes (malaria, sarampión y tuberculosis) de forma incontrolada, además del hostigamiento, persecuciones, desapariciones, torturas, abuso sexual, migración forzada, maltratos, masacres y el severo daño ambiental, ecológico y cultural.

A cuatro años de promulgación del mencionado decreto 2.248, son extremadamente preocupantes las denuncias realizadas por el sector académico (Universidades Nacionales), las comunidades organizadas, Organizaciones no gubernamentales, organismos internacionales, diputados de la Asamblea Nacional y la Iglesia católica, entre muchos otros, todos preocupados por la violación de la Constitución Nacional, los derechos humanos y el deterioro ambiental. Cada vez son más visibles los efectos devastadores que tienen lugar en las poblaciones y comunidades indígenas y zonas naturales protegidas bajo diversas figuras legales.

En este contexto, genera gran preocupación la reciente Resolución N° 0010 del Ministerio del Poder Popular del Desarrollo Minero Ecológico, publicada el 8 de abril de 2020 en la Gaceta Oficial No. 6.526 Extraordinario, que determina las áreas en las cuales se podrá ejecutar la extracción fluvial de oro y diamante y su procesamiento en el marco del llamado Arco Minero del Orinoco. Esta resolución afecta aproximadamente 700 km de ríos al sur de Venezuela y un área directa de 254 Km2 de las riberas de los ríos Cuchivero, Caura, Aro, Caroní, afluentes del río Orinoco, y de los ríos Cuyuní y Yuruán, cuyas aguas fluyen al río Esequibo.

Estas violaciones graves e irreversibles de derechos humanos fundamentales y a la dignidad de los venezolanos fueron denunciadas ante el Consejo de Derechos Humanos por la Alta Comisionada de las Naciones Unidas para los Derechos Humanos de la Naciones Unidas (ACNUDH) en su Informe del 15 de julio de 2020, en el cual indica que "La minería afecta el derecho a la autonomía y autodeterminación de algunos pueblos indígenas...es un factor perturbador de sus formas de vida tradicionales y afecta su capacidad para mantener una relación espiritual con sus territorios". Por todo ello, "Al ACNUDH le inquieta profundamente la falta de consentimiento libre, previo e informado con respecto al establecimiento del AMO en sus territorios tradicionales".

Es evidente que los planes adoptados por el gobierno (Entrega de estudio y explotación estratégica minera a compañías extranjeras (Citic), el Plan de ahorro en Oro, y el Plan Minero Tricolor, el cual implica la entrega de un yacimiento o mina a cada gobierno regional), así como la militarización de territorios indígenas en donde existan oro y diamantes, demuestran la intención de extender e intensificar sea con militares o paramilitares la explotación minera del país, obviando además los derechos de los indígenas sobre sus territorios (Observatorio de Conflictos Mineros de América Latina, 2019).

Nada de lo establecido ha sido eficiente para detener el avance de la minería ilegal y las consecuencias que en el orden económico, político, social y cultural han devenido con esta práctica, convirtiendo al Estado en cómplice de las prácticas de un modelo económico extractivista, violatorio de las leyes ambientales y contrario a la supuesta protección ecológica y desarrollo sustentables contemplados en la Constitución.

Las Academias Nacionales exhortan categórica y urgentemente a las autoridades a cumplir las Recomendaciones del Informe presentado al Consejo de los Derechos Humanos por la Alta Comisionada de las Naciones Unidas para los Derechos Humanos de la Naciones Unidas, de fecha 15 de julio de 2020, en particular la situación de los derechos humanos en la región del Arco Minero del Orinoco que se enumeran a continuación:

- Asegurar que toda la actividad minera se lleve a cabo conforme a las normas y estándares de derechos humanos, los estudios de impacto socio-cultural y ambiental y que se cumplan las normas ambientales nacionales e internacionales;
- Emprender y publicar los estudios fundamentales en relación con el Arco Minero del Orinoco, como, por ejemplo, estudios de impacto ambiental y social, análisis de las tasas de actos de violencia y homicidios y compilación de datos socioeconómicos de la población que vive dentro del Arco Minero del Orinoco y las zonas aledañas, con inclusión de indicadores relativos a los derechos económicos, sociales y culturales;
- Iniciar investigaciones efectivas y transparentes y operaciones de aplicación de la ley con el fin de desmantelar a las bandas criminales y elementos armados que controlan las actividades mineras, combatir la corrupción y enjuicie y sancione a los responsables de crímenes y violaciones de derechos humanos en el Arco Minero del Orinoco y las zonas aledañas;
- Adoptar medidas urgentes para poner fin a la explotación laboral y sexual, el trabajo infantil y la trata de personas dentro del Arco Minero del Orinoco, y asegure la regularización de las actividades mineras en condiciones de respeto del derecho a condiciones de trabajo justas y favorables;

- Asegurar que se realicen consultas adecuadas y representativas con todos los pueblos indígenas antes de la adopción o implementación de cualquier decisión, actividad o medida que pueda afectarles, con inclusión de las eventuales repercusiones que estas tengan en sus tierras, territorios y recursos tradicionales;
- Garantizar que los pueblos indígenas puedan disfrutar de su derecho colectivo a vivir en libertad, paz y seguridad, y que puedan poseer, usar, desarrollar y controlar sus tierras, territorios y recursos, incluso mediante la demarcación de las tierras tradicionales;
- Revocar la Resolución N° 0010 relativa a la minería en ríos;
- Proporcionar reparaciones a los pueblos indígenas y poblaciones locales afectadas por las actividades mineras, actuando en consulta con estos pueblos.

Las Academias Nacionales en virtud de la gravedad de los hechos que se denuncian a través del presente Pronunciamiento, han decidido remitir copia del mismo a la Comisión Interamericana de Derechos Humanos y a la Corte Interamericana de Derechos Humanos para que tomen las medidas cautelares a que haya lugar; así como al Secretario General, a la Asamblea General y al Consejo Permanente de la Organización de Estados Americanos, al Consejo de Derechos Humanos, a la Alta Comisionada de las Naciones Unidas para los Derechos Humanos de la Naciones Unidas y a la Organización de las Naciones Unidas para la Educación, la Ciencia y la Cultura (UNESCO), a todas las Embajadas acreditadas en el país para que, por su conducto, sean informados de su contenido los respectivos gobiernos así como a la Conferencia Episcopal Venezolana.

Caracas, 20 de Julio de 2020

Dr. Horacio Biord Castillo

Presidente de la Academia Venezolana de la Lengua

Dra. Carole Leal Curiel
Directora de la Academia Nacional de la Historia

Dr. Leopoldo Briceño-Iragorry Calcaño
Presidente de la Academia Nacional de Medicina

Dr. Humberto Romero Muci
Presidente de la Academia de Ciencias Políticas y Sociales

Dra. Mireya R. Goldwasser
Presidenta de la Academia de Ciencias Físicas, Matemáticas y Naturales

Dr. Luis Mata Molleja
Presidente de la Academia Nacional de Ciencias Económicas

Ing. Eduardo Buroz
Presidente de la Academia Nacional de la Ingeniería y el Hábitat

## XL. PRONUNCIAMIENTO SOBRE LA NECESARIA DEFENSA DE LOS INTERESES DE VENEZUELA ANTE LA DECISIÓN DE LA CORTE INTERNACIONAL DE JUSTICIA QUE DECLARÓ SU COMPETENCIA PARA CONOCER PARCIALMENTE LA DEMANDA PLANTEADA POR LA REPÚBLICA COOPERATIVA DE GUYANA (Se fija posición sobre la decisión de la Corte Internacional de Justicia (CIJ) por la que se declaró competente para conocer parcialmente la demanda de Guyana contra Venezuela sobre el Esequibo. La Academia reafirma su prioridad ética e histórica en la defensa de la integridad territorial de Venezuela y la reclamación del Esequibo. Se exhorta a las autoridades a ejercer responsablemente la tutela de los derechos de Venezuela sobre el Esequibo por todos los medios legítimos.). 13.01.2021

La Academia de Ciencias Políticas y Sociales, en cumplimiento de sus atribuciones legales y de sus fines institucionales, se dirige a la comunidad nacional e internacional para fijar posición en relación con la decisión de la Corte Internacional de Justicia (CIJ) de fecha 18 de diciembre de 2020 por medio de la cual se declaró competente para conocer parcialmente de la demanda incoada por la República Cooperativa de Guyana (Guyana) contra la República Bolivariana de Venezuela (Venezuela) en virtud de la remisión efectuada por el Secretario General de la ONU con relación a la controversia existente entre los dos Estados sobre la reclamación del territorio Esequibo. Dicha declaración de competencia por parte de la CIJ se limita a únicamente a: (i) la validez del Laudo Arbitral de fecha 3 de octubre de 1899 (Laudo Arbitral) y (ii) la cuestión relativa al arreglo definitivo de la disputa territorial entre ambos países.

1. Para la Academia ha sido una prioridad ética e histórica la defensa de la integridad territorial del país frente al despojo histórico perpetrado por el imperio británico durante el siglo XIX, ante la invalidez del Laudo Arbitral y los continuos atropellos a la soberanía venezolana en violación de su espacio del territorio continental y marítimo por Guyana, expresada en su abundante y consistente doctrina relativa a la reclamación del Esequibo, en sus conferencias, pronunciamientos y publicaciones.

2. La Academia lamenta la decisión de la CIJ por cuanto el objeto de la controversia remitida a la CIJ es sobre la aplicación del Acuerdo de Ginebra para la búsqueda de soluciones satisfactorias, mutuamente aceptables, para el arreglo práctico de la controversia y no sobre la determinación de la nulidad o validez del Laudo Arbitral. Por ello, esta es una controversia que, por su naturaleza no justiciable, escapa a la competencia material de la CIJ. Por estas razones, la Academia no comparte la decisión de la CIJ, pero la respeta.

3. No obstante, en virtud de la afirmación de la competencia de la CIJ y la continuación del juicio ante la CIJ, la Academia exhorta a quienes ejercen el poder político en el país, como responsables de la defensa de los

derechos de Venezuela ante esa instancia internacional, para ejercer responsablemente la tutela de los derechos de Venezuela sobre el Esequibo por todos los medios legítimos a su alcance. La Academia considera que, Venezuela debe participar activamente en el proceso -así sea bajo protesta- para desplegar en plenitud todos los derechos procesales que le asisten para fundamentar y probar la invalidez e injusticia del Laudo Arbitral.

4. El juicio no se paralizará si Venezuela opta por no asumir su defensa, el proceso seguirá su curso y tendrá decisión. La sola opción de no comparecer en juicio no ofrece solución de cómo recuperar el territorio Esequibo.

5. La decisión de la CIJ es un hecho institucional internacional que debe y puede atenderse. La posición de Venezuela sobre la nulidad del Laudo Arbitral es suficientemente fundada y es defendible con holgura. La validez del Laudo Arbitral es insostenible en Derecho. Por ello, la Academia considera que no comparecer es una posición equivocada que puede tener un alto costo para Venezuela.

6. El riesgo de que la CIJ declare con lugar la pretensión de Guyana sobre la validez del Laudo Arbitral afectaría internacionalmente la reclamación de Venezuela, particularmente, si ésta no se defiende haciendo valer apropiadamente las argumentaciones que nos asisten sobre la invalidez del Laudo Arbitral.

7. Siendo éste un asunto de Estado, le concierne a todos los venezolanos la elección del camino más adecuado para la defensa de los derechos de Venezuela. Ello debe hacerse mediante el estudio, la evaluación estratégica, el diálogo y la concertación entre todos los sectores nacionales sin exclusiones y sin vetos. El país debe unirse en torno a la defensa de su territorio, pero para ello es necesario que quienes ejercen el poder político en el país, y que por tanto tienen esa responsabilidad histórica, convoquen de manera responsable, transparente y despolitizada a toda la sociedad.

8. A pesar del tiempo perdido, debe convocarse a los mejores expertos nacionales e internacionales para formar el mejor equipo de defensa, fijar la estrategia procesal, diplomática y comunicacional más conveniente a los intereses del país, incluida la selección del juez ad-hoc y la actuación diplomática ante la ONU, Guyana, América Latina y el Caribe, Europa y el resto de la comunidad internacional.

9. Por último, además de lo que se haga para defender los derechos de Venezuela en el proceso que se sigue ante la CIJ para determinar la nulidad o invalidez del Laudo Arbitral, exhortamos una vez más a las autoridades a continuar defendiendo la soberanía de Venezuela en los espacios marinos, submarinos y la plataforma continental que forman parte del territorio de Venezuela y que están sometidos a su soberanía, conforme a

los principios de derecho internacional. El otorgamiento de concesiones petroleras por parte del gobierno guyanés en áreas marinas y submarinas que son de indiscutible proyección del territorio continental venezolano desde Punta de Playa (Estado Delta Amacuro), hace necesario las acciones de afirmación y salvaguarda de esas áreas, así como otras acciones diplomáticas y jurídicas en defensa de nuestra soberanía.

Finalmente, como lo advirtió el propio Secretario General de la ONU en la ocasión de anunciar la remisión del asunto a la CIJ y lo menciona el propio fallo de la CIJ, el Acuerdo de Ginebra está vigente y continúa obligando a las partes a buscar soluciones satisfactorias, 3 mutuamente aceptables, para el arreglo práctico de la controversia. Por ello, es deber de quienes ejercen el poder político en Venezuela, velar porque, al igual que las sentencias de la CIJ, ese tratado también sea debidamente acatado por las partes y se tomen las iniciativas diplomáticas necesarias ante el Secretario General de la ONU.

Caracas, 13 de enero de 2021

Humberto Romero-Muci
Presidente

Rafael Badell Madrid
Secretario

XLI. **CARTA A LOS CIUDADANOS DELCY RODRÍGUEZ GÓMEZ, VICEPRESIDENTA DE LA REPÚBLICA BOLIVARIANA DE VENEZUELA, Y JORGE ARREAZA MONTSERRAT MINISTRO DEL PODER POPULAR PARA LAS RELACIONES EXTERIORES, SOBRE LA DEFENSA DEL ESEQUIBO** (Se exhorta al Gobierno Nacional a analizar cuidadosamente la decisión de comparecer ante la Corte Internacional de Justicia (CIJ) sobre la demanda de Guyana. Se recuerda que Venezuela está obligada a cumplir con la sentencia de la CIJ y se destaca la necesidad de participar activamente para evitar daños irreparables al país.). 25.02.2021.

XLII. **PRONUNCIAMIENTO SOBRE LA NECESIDAD IMPERIOSA DE DEFENDER JUDICIALMENTE ANTE LA CIJ, LOS DERECHOS E INTERESES DE VENEZUELA SOBRE EL TERRITORIO ESEQUIBO** (Se expresa la necesidad de defender jurídicamente ante la CIJ los derechos de Venezuela sobre el territorio Esequibo. La Academia advierte que no comparecer al juicio no resolverá la recuperación del territorio.). 13.09.2021.

La Academia de Ciencias Políticas y Sociales, en cumplimiento de sus funciones legales y reglamentarias, con ocasión del proceso de negociación iniciado entre el gobierno y la oposición, considera su responsabilidad hacer un llamado público al país sobre la necesidad de defender jurídicamente los derechos históricos e inalienables de Venezuela sobre el Territorio Esequibo.

En fecha 6 de septiembre de 2021 en la ciudad de México, los representantes del gobierno y de la oposición suscribieron un "Acuerdo Parcial de Ratificación y defensa de la Soberanía de Venezuela sobre la Guayana Esequiba", en el cual afirman, inter alia que "Reafirman[] que la Corte Internacional de Justicia carece de jurisdicción para conocer sobre la validez del laudo arbitral de 1899, con base en una demanda unilateral de la República Cooperativa de Guyana que contraría el texto y el espíritu del Acuerdo de Ginebra"; y acuerdan inter alia "Segundo: Expresar nuestro desacuerdo con la decisión de la Corte Internacional de Justicia de atribuirse jurisdicción para conocer sobre la validez del Laudo Arbitral de 1899, a partir de la demanda unilateral de Guyana".

La Academia reitera una vez más su posición jurídica expresada públicamente en varias oportunidades anteriores, con relación a la controversia pendiente ante la Corte Internacional de Justicia ("CIJ") sobre la delimitación territorial entre la República Cooperativa de Guyana ("Guyana") y la República Bolivariana de Venezuela ("Venezuela"), con ocasión de la remisión del asunto por el Secretario General de las Naciones Unidas y la demanda presentada por Guyana contra Venezuela:

1. La decisión de la CIJ es un hecho institucional internacional que debe y puede atenderse. La posición de Venezuela sobre la nulidad del Laudo Arbitral de 1899 ("Laudo Arbitral") es suficientemente fundada y es defendible con holgura. La validez del Laudo Arbitral es insostenible en Derecho. Por ello, la Academia considera que no comparecer al juicio ante la CIJ es una posición jurídicamente equivocada.

2. Las sentencias de la CIJ son obligatorias para las partes. De conformidad con la Carta de la ONU (art. 94), los Estados miembros de las Naciones Unidas se comprometen a cumplir las decisiones de la CIJ en todo litigio en que sean partes; y de acuerdo con el Estatuto de la CIJ (art. 60) del cual Venezuela es parte, sus sentencias son "definitivas e inapelables". Frente a ellas, ni la Asamblea General de la ONU ni el Consejo de Seguridad tienen otra opción que acatarlas e incluso apoyar su cumplimiento.

3. La Academia ha expresado institucionalmente que lamenta la decisión de la CIJ de fecha 18 de diciembre de 2020, por medio de la cual declaró su competencia para conocer parcialmente de la demanda incoada por Guyana. Ello por cuanto el objeto de la controversia remitida a dicho alto tribunal internacional es sobre la aplicación del Acuerdo de Ginebra para la búsqueda de soluciones satisfactorias, mutuamente aceptables, para el arreglo práctico de la controversia y no sobre la determinación de la nulidad o validez del Laudo Arbitral. Por estas razones, la Academia

no comparte la decisión de la CIJ, pero la respeta por cuanto hay que acatarla conforme al Derecho internacional.

4. **En virtud de dicha decisión de la CIJ en la cual afirmó su competencia y la continuación del juicio ante dicha instancia, la Academia exhorta a quienes ejercen el poder político en el país como responsables de la defensa de los derechos de Venezuela, a ejercer efectiva y responsablemente la tutela de los derechos de Venezuela sobre el Esequibo por todos los medios legítimos a su alcance**. La Orden del Presidente de la CIJ de fecha 8 de marzo de 2021, fijó el 8 de marzo de 2023 para que Venezuela presente su contra-memorial en el juicio. En virtud de ello, **la Academia considera que Venezuela debe participar activamente en el proceso -así sea bajo protesta o reserva- a fin de desplegar en plenitud todos los derechos procesales que le asisten, en particular: a) rechazar los argumentos y pretensiones de Guyana; b) hacer valer los argumentos y pruebas sólidas que demuestran los justos títulos de Venezuela respecto al territorio en disputa y la nulidad del Laudo Arbitral de 1899; c) nombrar un juez ad-hoc; y d) estudiar la conveniencia de contra-demandar a Guyana, a fin de que sea condenada a cumplir de buena fe sus obligaciones bajo el Acuerdo de Ginebra de negociar una solución práctica y mutuamente aceptable a la controversia**.

5. El uicio no se paralizar si Venezuela opta por no asumir su defensa; el proceso seguirá su curso y tendrá decisión final y definitiva sobre el fondo. La sola opción de no comparecer al juicio, no ofrece una solución sobre cómo recuperar el territorio Esequibo.

6. Por lo anterior, el riesgo de que la CIJ declare con lugar la pretensión de Guyana sobre la validez del Laudo Arbitral, lo cual podría afectar internacionalmente la reclamación de Venezuela, hace particularmente imperativo que Venezuela se defienda haciendo valer apropiadamente todos los argumentos y derechos que nos asisten sobre la invalidez del Laudo Arbitral.

7. Siendo éste un asunto de Estado, le concierne a todos los venezolanos la elección del camino más adecuado para la defensa de los derechos de Venezuela. Ello debe hacerse mediante el estudio, la evaluación estratégica, el diálogo y la concertación entre todos los sectores nacionales, sin exclusiones y sin vetos. El país debe unirse en torno a la defensa de su territorio, para lo cual es necesario, que quienes ejercen el poder político, y que por tanto tienen esa responsabilidad histórica, convoquen de manera responsable, transparente y despolitizada a toda la sociedad. Para ello, debe llamar a los mejores expertos nacionales e internacionales para formar el mejor equipo idóneo de defensa, a fin de fijar la estrategia jurídica,

procesal, diplomática y comunicacional más conveniente a los intereses del país.

Caracas, a los 13 días del mes de septiembre de 2021

Julio Rodríguez Berrizbeitia — Presidente

Cecilia Sosa Gómez — Secretario

XLIII. **COMUNICADO DE PRENSA. LA ACADEMIA DE CIENCIAS POLÍTICAS Y SOCIALES, HACE UN LLAMADO PÚBLICO SOBRE LA NECESIDAD IMPERIOSA DE DEFENDER JUDICIALMENTE ANTE LA CORTE INTERNACIONAL DE JUSTICIA LOS DERECHOS E INTERESES DE VENEZUELA EN EL TERRITORIO ESEQUIBO**. (Se insta al país a defender sus derechos sobre el Esequibo ante la CIJ y a participar bajo protesta ejerciendo plenamente sus derechos procesales.). 13.09.2021.

En su Pronunciamiento público de 13 de septiembre de 2021 con ocasión del "Acuerdo Parcial de Ratificación y defensa de la Soberanía de Venezuela sobre la Guayana Esequiba", suscrito el 6 de septiembre de 2021 en la ciudad de México entre los representantes del gobierno y de la oposición, la Academia reiteró una vez más su posición jurídica institucional expresada públicamente en oportunidades anteriores, con relación a la controversia pendiente ante la Corte Internacional de Justicia ("CIJ") sobre la delimitación territorial entre la República Cooperativa de Guyana ("Guyana") y la República Bolivariana de Venezuela ("Venezuela"), la Academia expresó que:

En virtud de la decisión de la CIJ de fecha 18 de diciembre de 2020 por medio de la cual declaró su competencia para conocer parcialmente la demanda incoada por Guyana y la continuación del juicio ante dicha instancia, y vista la Orden del Presidente de la CIJ de fecha 8 de marzo de 2021, que fijó el 8 de marzo de 2023 para que Venezuela presente su contra-memorial en el juicio, **la Academia considera que Venezuela debe participar activamente en el proceso -así sea bajo protesta o reserva-, a fin de desplegar en plenitud todos los derechos procesales que le asisten, en particular: a) rechazar los argumentos y pretensiones de Guyana; b) hacer valer los argumentos y pruebas sólidas que demuestran los justos títulos de Venezuela respecto al territorio en disputa y la nulidad del Laudo Arbitral de 1899; c) nombrar un juez ad-hoc; y d) estudiar la conveniencia de contra-demandar a Guyana, a fin de que sea condenada a cumplir de buena fe sus obligaciones bajo el Acuerdo de Ginebra de negociar una solución práctica y mutuamente aceptable a la controversia**.

Caracas, a los 13 días del mes de septiembre de 2021

Julio Rodríguez Berrizbeitia — Presidente

Cecilia Sosa Gómez — Secretario

## XLIV. PRONUNCIAMIENTO SOBRE LA COMPARECENCIA DE VENEZUELA ANTE LA CORTE INTERNACIONAL DE JUSTICIA EN EL JUICIO POR LA DEMANDA INTENTADA POR GUYANA

(Se celebra que Venezuela haya ejercido sus derechos procesales al designar un juez ad hoc y presentar sus argumentos en las audiencias de la CIJ. La Academia alienta al gobierno a continuar defendiendo los derechos sobre el Esequibo con un criterio de unidad nacional e inclusión de figuras de la oposición y la sociedad civil.). 08.12.2022.

La Academia de Ciencias Políticas y Sociales, en ejercicio de las atribuciones que le confiere el artículo 3 de su ley de creación, saluda la decisión del Gobierno Nacional de hacerse parte en el juicio que se sigue ante la Corte Internacional de Justicia, a objeto de defender los derechos que tiene Venezuela sobre el territorio Esequibo y presentar los argumentos que fundamentan la improcedencia de la demanda introducida por Guyana en la cual solicita que se confirme la validez del laudo arbitral del 3 de octubre de 1899.

En este sentido, la Academia de Ciencias Políticas y Sociales considera su deber expresar lo siguiente:

1. La Academia celebra que Venezuela haya nombrado al agente y a los agentes alternos que representarán a Venezuela ante la CIJ, y que haya ejercido sus derechos procesales designando a un juez ad hoc.
2. La Academia considera positivo que en las audiencias celebradas en la Corte Internacional de Justicia entre los días 17 y 22 de noviembre pasado se haya escuchado la voz y los argumentos de Venezuela en esta controversia.
3. La Academia alienta al gobierno nacional a que continúe por esta senda, que es la única que nos permitirá revertir un fraude procesal, y que se repare la injusticia histórica causada por el despojo colonial arbitrario de nuestro territorio Esequibo.
4. Finalmente, teniendo en cuenta que éste es un asunto de Estado que concierne a todos los venezolanos, la Academia invita de nuevo al gobierno nacional a que maneje con criterio amplio y de unidad nacional este asunto, y que en lo futuro incorpore en sus delegaciones ante la CIJ a figuras políticas de la oposición y de sectores representativos de la sociedad civil; y asimismo, a que estructure su equipo de defensa legal del territorio Esequibo con los mejores profesionales nacionales e internacionales.

Caracas, 8 de diciembre de 2022.

| Presidente | 1er. Vicepresidente |
|---|---|
| Luciano Lupini Bianchi | Rafael Badell Madrid |

| | |
|---|---|
| 2do, vicepresidente<br>Cecilia Sosa Gómez | Secretario<br>Gerardo Fernández Villegas |
| Tesorero<br>Salvador Yannuzzi Rodríguez | Bibliotecario<br>Juan Cristóbal Carmona Borjas |

XLV. **PRONUNCIAMIENTO SOBRE LOS DERECHOS HISTÓRICOS E INALIENABLES DE VENEZUELA SOBRE EL TERRITORIO ESEQUIBO** (La Academia reitera que la defensa de la integridad territorial de Venezuela es una prioridad ética e histórica, y que la posición sobre la nulidad del Laudo Arbitral de 1899 es fundada y defendible. La Academia exhorta al Gobierno Nacional a ejercer activamente la defensa del Esequibo mediante la preparación de la contramemoria y uniendo al país en torno a esta causa.). 13.04.2023.

La Academia de Ciencias Políticas y Sociales, en cumplimiento de sus funciones legales y reglamentarias, considera que es su responsabilidad ratificar su llamado público al país sobre la necesidad y la importancia crucial de defender jurídicamente los derechos históricos e inalienables de Venezuela sobre el Territorio Esequibo. A raíz de la reciente decisión de la Corte Internacional de Justicia (CIJ) de fecha 6 de abril de 2023 que declaró sin lugar la excepción preliminar opuesta por la República Bolivariana de Venezuela (Venezuela), ahora Venezuela deberá preparar y presentar sus argumentos y pruebas sobre el fondo de la demanda (Contramemoria) el 8 de abril del próximo año 2024.

En ese sentido, es necesario recordar que, dentro del plazo previsto en el Reglamento de la CIJ, Venezuela presentó ante dicho tribunal internacional una excepción preliminar a la demanda presentada por la República Cooperativa de Guyana (Guyana), que calificó de objeciones a la admisibilidad de la demanda. Mediante la reciente sentencia de fecha 6 de abril de 2023 la CIJ resolvió la excepción opuesta por Venezuela el 7 de junio de 2022, y si bien dicho Tribunal declaró la admisibilidad a trámite de la excepción opuesta; luego de su análisis, decidió rechazarla, por no ser procedente el antecedente jurisprudencial invocado. Así mismo, declaró que podrá pronunciarse sobre el fondo de las reclamaciones de Guyana, en la medida en que estén comprendidas en el ámbito de aplicación de lo dispuesto en la sentencia de 18 de diciembre de 2020.

Es importante resaltar, que esta reciente sentencia de la CIJ del pasado 6 de abril de los corrientes, a pesar de declarar que no es necesaria la presencia del Reino Unido de Gran Bretaña (Reino Unido) en el proceso, aclara y afirma que en su sentencia sobre el fondo sí tendrá jurisdicción (competencia) para conocer y pronunciarse sobre determinadas conductas atribuibles al Reino Unido, relativas a la nulidad o validez del Laudo de 1899 y a la cuestión territorial conexa. Ello, en virtud de que cuando el Reino Unido aceptó, mediante el Acuerdo de Ginebra, la solución de la controversia entre Guyana y Venezuela sin su participación, era consciente de que esa solución podría implicar el examen de ciertas alegaciones de Venezuela de irregularidades por parte de las autoridades del Reino Unido en el momento del arbitraje controvertido.

En virtud de ello, la Academia en esta oportunidad expresa lo siguiente:

1. La defensa de la integridad territorial de Venezuela ha sido para la Academia una prioridad ética e histórica frente al despojo histórico perpetrado por el imperio británico durante el siglo XIX, los graves vicios de nulidad del Laudo Arbitral de 1899 y los continuos atropellos ejecutados por Guyana a la soberanía venezolana en violación de su territorio continental y marítimo. En varios pronunciamientos anteriores, eventos y publicaciones de la Academia hemos señalado que la posición de Venezuela sobre la nulidad del Laudo Arbitral de 1899 es suficientemente fundada y es defendible con holgura, ya que la validez del Laudo Arbitral de 1899 es insostenible en Derecho.
2. Si bien la Academia ha manifestado su inconformidad con la decisión de la CIJ de fecha 18 de diciembre de 2020 por medio de la cual se declaró competente para conocer parcialmente de la demanda incoada por Guyana, asimismo ha instado a quienes ejercen el poder político y la representación del Estado venezolano ante la CIJ, a participar activa y responsablemente en este juicio para defender en forma efectiva nuestros derechos sobre el Territorio Esequibo.
3. Por ello, esta Academia exhorta una vez más al Gobierno Nacional, a ejercer en forma activa la defensa y recuperación del Territorio Esequibo, mediante la preparación y presentación, el 8-4-2024, de la contramemoria con los argumentos y pruebas de Venezuela que sustentan la nulidad insalvable del Laudo Arbitral de 1899 y los legítimos derechos históricos y jurídicos de Venezuela sobre dicho territorio. Para ello, deberá convocar a los mejores expertos nacionales e internacionales, a fin de conformar un equipo interdisciplinario idóneo de defensa en los diversos ámbitos (jurídico, geográfico, histórico, social, político, estratégico, económico, cultural y comunicacional). Igualmente, es necesario unir al país en torno a la defensa de su territorio, para lo cual se requiere que quienes ejercen el poder político convoquen a toda la sociedad de manera responsable, transparente y despolitizada.

En Caracas, a los 13 días del mes de abril de 2023.

El Presidente
Luciano Lupini Bianchi

El Secretario
Gerardo Fernández Villegas

XLVI. **PRONUNCIAMIENTO DE LAS ACADEMIAS NACIONALES DE VENEZUELA SOBRE LA DEFENSA DEL ESEQUIBO** (Reafirman la necesidad de defender jurídicamente los derechos históricos e inalienables de Venezuela sobre el territorio Esequibo, tras la decisión de la CIJ que desechó la excepción preliminar. Las Academias exhortan al gobierno a ejercer activamente la defensa del Esequibo con todos los medios legales, preparando argumentos y pruebas ante la CIJ.). 19.04.2023.

Las Academias nacionales, en cumplimiento de sus responsabilidades reglamentarias, se dirigen al país para ratificar su llamado público sobre la imperiosa necesidad y la extrema importancia de defender jurídicamente los derechos históricos e inalienables de Venezuela sobre el territorio Esequibo.

A raíz de la reciente decisión de la Corte Internacional de Justicia (CIJ) de fecha 6 de abril de 2023 que desechó la excepción preliminar opuesta por la República Bolivariana de Venezuela, los órganos del Estado han de preparar y presentar el 8 de abril del año 2024 ante dicho tribunal internacional la contestación de la demanda con sus argumentos y pruebas sobre el fondo, en respuesta a la presentada por la República Cooperativa de Guyana.

En tal sentido, las Academias nacionales expresan públicamente lo siguiente:

1. Venezuela ha sido víctima del despojo arbitrario de su territorio Esequibo, el cual le pertenece conforme a los títulos históricos que en 1777 fueron asignados a la Capitanía General de Venezuela y así fueron legados por el uti possidetis iuris a la República de Venezuela a raíz de su proceso de independencia iniciado en 1810. Dicho despojo perpetrado por el imperio británico durante el siglo XIX no puede ser convalidado por el írrito Laudo Arbitral de 1899, debido a los graves vicios de nulidad insalvables que lo afectan, entre otras razones, por su inmotivación conforme a las reglas del arbitraje pactado en el Tratado de Washington de 1897, ultrapetita y las componendas ilícitas de las que fue objeto.

2. Las Academias exhortan una vez más al gobierno nacional a ejercer en forma activa la defensa y recuperación del Esequibo, con todos los medios legales a su alcance, incluyendo la preparación y la presentación ante la CIJ el 08 de abril de 2024 de los argumentos y pruebas de Venezuela que sustentan la nulidad insalvable del Laudo Arbitral de 1899 y los legítimos derechos históricos y jurídicos de Venezuela sobre dicha región. Para ello, es preciso convocar a los mejores expertos nacionales e internacionales, a fin de conformar un equipo interdisciplinario idóneo de defensa en los diversos ámbitos (jurídico, geográfico, histórico, social, político, estratégico, económico, cultural y comunicacional). Igualmente, es necesario unir al país en torno a la defensa de su territorio, para lo cual se requiere que quienes ejercen el poder político convoquen a toda la sociedad de manera responsable, transparente y despolitizada.

En Caracas, a los diecinueve días del mes de abril de 2023

Horacio Biord Castillo
Presidente de la Academia Venezolana de la Lengua

María Elena González Deluca
Directora de la Academia Nacional de la Historia

Isis Nezer de Landaeta
Presidente de la Academia Nacional de Medicina

Luciano Lupini
Presidente de la Academia de Ciencias Políticas y Sociales

Ismardo Bonalde
Presidente de la Academia de Ciencias Físicas, Matemáticas y Naturales

Sary Levy-Carciente
Presidente de la Academia Nacional de Ciencias Económicas

Eduardo Buroz
Presidente de la Academia Nacional de la Ingeniería y el Hábitat

# SEPTIMA PARTE
# AUTONOMÍA UNIVERSITARIA

## XLVII. **PRONUNCIAMIENTO DE LAS ACADEMIAS NACIONALES CONTRA LA INCONSTITUCIONALIDAD DE UN NUEVO RÉGIMEN ELECTORAL UNIVERSITARIO Y EL CESE DE LAS FUNCIONES DE LAS AUTORIDADES UNIVERSITARIAS EN FRAUDE A LA GARANTÍA CONSTITUCIONAL DE LA AUTONOMÍA UNIVERSITARIA** (Se denuncia la violación de la autonomía universitaria al imponer un nuevo régimen electoral y alterar la composición legítima de la comunidad universitaria; usurpación de funciones legislativas por parte de la Sala Constitucional; se insta a las universidades y la ciudadanía a desconocer el fallo por ser antidemocrático y contrario a los derechos humanos.). 29.08.2019.

1. Las Academias Nacionales en cumplimiento de sus atribuciones legales, se dirigen a la sociedad venezolana para manifestar su absoluto desconocimiento a una pretendida sentencia que identifican como No. 324 de 27 de agosto de 2019, de la ilegítima Sala Constitucional del Tribunal Supremo de Justicia que (i) suspendió los efectos de los artículos 31, 32 y 65 de la Ley de Universidades, en franca violación de la autonomía universitaria, con el propósito deliberado de (ii) establecer un inconstitucional "régimen" para la elección de las autoridades universitarias, usurpando las funciones legislativas de la legítima Asamblea Nacional, (iii) ordenando el cese de funciones de las autoridades universitarias con período vencido, en un plazo de 6 meses a partir de la sentencia, (iv) bajo la amenaza de que si esas elecciones no se realizan, el Poder Ejecutivo entonces, por su disposición, designará a las autoridades que les parezca sin participación alguna de la comunidad universitaria.

2. Las academias nacionales alertan a la ciudadanía del propósito de sustituir las legítimas autoridades universitarias en fraude a la autonomía universitaria, para allanar la espuria designación de estas por el régimen y partido de gobierno y finalmente destruir a las universidades autóno-

mas y con ello preterir el derecho de todos los venezolanos a la educación superior de calidad, comprometida con el progreso de la sociedad y competitiva a nivel mundial, en igualdad de condiciones y oportunidades conforme a las aptitudes, vocaciones y aspiraciones de cada quien, tal como lo consagra el artículo 103 de la Constitución de la República.

3. La Constitución garantiza la autonomía universitaria como principio y jerarquía que permite a la comunidad universitaria dedicarse a la búsqueda del conocimiento a través de la investigación científica, humanística y tecnológica, para beneficio espiritual y material de la Nación. Así lo prescribe el artículo 109, con indicación expresa de que la autonomía universitaria tiene por objeto planificar, organizar, elaborar y actualizar los programas de investigación, docencia y extensión, reforzando su integridad al reconocer la inviolabilidad del recinto universitario.

4. Como parte de la precisión de ese ámbito de autonomía la propia Constitución define la comunidad universitaria como aquella compuesta por los "profesores, estudiante y egresados de la misma". Cualquier cambio de la composición constitucional de la comunidad universitaria, exige la reforma de la Constitución misma, no pudiendo el legislador, en forma alguna, y mucho menos un juez, aunque se diga constitucional, definir la comunidad universitaria suprimiendo o agregando algún otro componente a la misma, sin violentar la Constitución, y pretendiendo regular quien vota y que peso tiene cada voto para designar las autoridades universitarias.

5. La Ley de Universidades establece que el régimen de elecciones de las autoridades universitarias se limita exclusivamente a los titulares de la comunidad universitaria, esto es, a los profesores, estudiantes y egresados según prescriben las normas en sus artículos 31, 32 y 65. Esos comicios tienen fundamento en un derecho académico según interpretó con carácter vinculante incluso la propia Sala Constitucional en sentencia vinculante No. 898 del 13/5/2002.

6. Sin embargo, hoy la pretendida decisión No. 324 de 27 de agosto de 2019 de la ilegitima Sala Constitucional, con el pretexto de una motivación falsa, usurpó la autoridad de la Asamblea Nacional y alteró el artículo 109 Constitucional, dictando una medida cautelar de suspensión de efectos normativos de los aludidos artículos 31, 32 y 65 de la Ley de Universidades, sin que mediara petición al respecto de la nulidad ni de la suspensión de dicha normativa sobre el sistema electoral universitario vigente.

7. Lo cierto, sin embargo, fue la presentación de una demanda de nulidad por inconstitucionalidad con un propósito totalmente contrario, en el cual varios rectores de universidades autónomas impugnaron el artículo 34.4 de la Ley Orgánica de Educación, que pretendió inconsti-

tucionalmente modificar el régimen electoral universitario incluyendo en la votación de las autoridades universitarias al personal obrero y administrativo de las universidades más allá de los legítimos integrantes de la comunidad universitaria. Se trató de una demanda de nulidad por inconstitucionalidad, sobre un tema diferente, incoada hace más de 10 años que no recibió oportuna decisión de la Sala Constitucional, hasta que tuvo la sorprendente decisión de la pretendida sentencia que se comenta, con el despropósito de hacer valer un régimen electoral de las autoridades universitarias ajeno a la universidad, esto es, paradójicamente la sentencia de la ilegitima Sala Constitucional asegura la aplicación del mencionado artículo 34.3 de la Ley Orgánica de Educación impugnado, cuya nulidad y suspensión de efectos fue solicitada.

8. Lo más reprochable es que la ilegitima suspensión de los artículos 31, 32 y 65 de la Ley de Universidades, tiene por propósito convocar unas pretendidas elecciones universitarias atropelladas y perentorias, usurpando las funciones de la Asamblea Nacional, con el deliberado propósito de facilitar su manipulación aplicativa debido a su incoherente regulación, vacíos normativos e introducción de tratamientos discriminatorios, con relación a cierta categoría de miembros de la comunidad universitaria, particularmente con los egresados universitarios. Esta arbitraria y perturbadora decisión es la crónica de un nuevo atentado a la autonomía universitaria, construida dolosamente para asaltar el gobierno universitario y desplazar sus autoridades legítimas mediante criterios ajenos al interés académico de las universidades autónomas, afectando los valores básicos que definen el sentido de la universidad moderna comprometida con el progreso de la sociedad y la competitividad a nivel internacional.

9. En suma, la pretendida decisión de la Sala Constitucional del ilegitimo Tribunal Supremo de Justicia, incurrió en usurpación de la autoridad de la legitima Asamblea Nacional único órgano del Estado con funciones legislativas en materia del régimen electoral universitario, a la vez que derogó la Constitución desconociendo la autonomía universitaria, razón por la cual, conforme a los artículos 137 y 138 Constitucionales, son nulas y sin efecto alguno las decisiones de (i) suspender los efectos de los artículos 31, 32 y 65 de la Ley de Universidades, (ii) establecer un inconstitucional "régimen" para la elección de las autoridades universitarias, (iii) ordenar el cese de funciones de las autoridades universitarias con período vencido, si no se realizan elecciones en un plazo de 6 meses a partir de la sentencia, (iv) amenazar de que si esas elecciones no se realizan, el Poder Ejecutivo entonces, por su disposición, designará a las autoridades que les parezca sin participación alguna de la comunidad universitaria.

10. Como quiera que la pretendida sentencia que identifican como No. 324 de 27 de agosto de 2019, de la ilegítima Sala Constitucional del Tribunal

Supremo de Justicia, es nula y sin efecto alguno, debe y puede ser desconocida por las Universidades autónomas, sus autoridades legítimas, las comunidades universitarias y la ciudadanía en general, por contrariar valores, principios y garantías democráticas y los derechos humanos, conforme a lo ordenado por el artículo 350 de la Constitución.

11. Las Academias nacionales reiteran nuevamente[18] su objetivo de contribuir a que la universidad venezolana continúe como un espacio de convivencia y de tolerancia abierto a todas las corrientes del pensamiento para la conducción democrática del país y no deje de ser un lugar para la reflexión, indagación y creación intelectual diseñando exclusivamente para el estudio y la formación de capital humano en las diversas áreas del saber. Y más aún que por ello se afecten los valores básicos que definen el sentido de la universidad moderna comprometida con el progreso de la sociedad y la competitividad a nivel internacional. Es alarmante que, en los tiempos de la sociedad del conocimiento, desde las más altas esferas del gobierno se pretenda imponer un modelo de universidad para la formación de cuadros políticamente sesgados y no se acepte que solo una universidad cuyo ejercicio se sustente en la plena libertad del pensamiento y persiga los altos estándares de calidad, puede contribuir a la formación de ciudadanos libres y profesionales capacitados, útiles para contribuir eficazmente al bienestar social. Caracas, 29 de agosto de 2019

Dr. Horacio Biord Castillo
Presidente de la Academia Venezolana de la Lengua

Dra. Carole Leal Curiel
Directora de la Academia Nacional de la Historia

Dr. Leopoldo Briceño-Iragorry Calcaño
Presidente de la Academia Nacional de Medicina

Dr. Humberto Romero Muci
Presidente de la Academia de Ciencias Políticas y Sociales

Dra. Mireya R. Goldwasser
Presidenta de la Academia de Ciencias Físicas, Matemáticas y Naturales

Dr. Humberto García Larralde
Presidente de las Academia Nacional de Ciencias Económicas

Dr. Gonzalo Morales
Presidente de la Academia Nacional de Ingeniería y el Hábitat

---

18 Ver PRONUNCIAMIENTO DE LAS ACADEMIAS NACIONALES ANTE LAS AMENAZAS A LAS UNIVERSIDADES AUTÓNOMAS, de fecha 29.6.2012. https://www.acienpol.org.ve/cmacienpol/Resources/Pronunciamientos/Amenazas%20a%20las%20universidades.pdf Publicado en **Doctrina Académica Institucional <*instrumento de reinstitucionalización democrática* >**, Pronunciamientos años 2012-2019, Tomo II, Academia de Ciencias Políticas y Sociales, Editorial Jurídica Venezolana, Caracas 2019, p. 315.

## XLVIII. **PRONUNCIAMIENTO DE LAS ACADEMIAS NACIONALES ANTE LA SITUACIÓN DE LAS INSTITUCIONES CIENTÍFICAS, HUMANÍSTICAS Y DE EDUCACIÓN SUPERIOR DEL PAÍS** (Denuncian la insuficiencia presupuestaria por más de 10 años para universidades autónomas, la falta de fondos para institutos de investigación y la reciente centralización de nóminas, lo que atenta contra su autonomía.). 02.02.2022.

Las Academias nacionales expresan su consideración sobre las improcedentes políticas públicas en ciencia, tecnología y educación superior que han sido implementadas en el país en los últimos años. Las universidades, los institutos de investigación científica y humanística y las Academias nacionales han sido limitadas en su enorme potencial, con el consecuente deterioro de las oportunidades de crecimiento social y económico de la sociedad venezolana.

La provisión presupuestaria ha sido un incontestable modo de afectar severamente el funcionamiento de las instituciones académicas y científicas. Por más de 10 años a las universidades autónomas se les ha aprobado presupuestos reconducidos e insuficientes. Desde hace 5 años a los institutos de investigación adscritos al Ministerio del Poder Popular para Ciencia y Tecnología no se le asignan los fondos para funcionamiento e investigación. Durante los últimos 2 años a las Academias nacionales solo se les ha financiado el pago del personal administrativo. Más recientemente, el Ejecutivo trasladó las nóminas a la plataforma Patria, quitándole a estas instituciones la autonomía administrativa en la dirección de su personal. Estas asignaciones discrecionales de los presupuestos han tenido severas consecuencias. Al no recibir partidas para funcionamiento, las universidades y los centros de investigación han cerrado la mayor parte de sus laboratorios y muchos de los programas de formación de estudiantes, tanto de pregrado como de postgrado, han sido suspendidos. Como ejemplo, está el cierre técnico de casi todos los postgrados de ciencias básicas en el país. Las consecuencias son y serán devastadoras.

Se está consumando la ruina de la actividad formativa y de investigación, sobre la base de negar los recursos que por derecho les corresponden a las universidades autónomas, los institutos de formación científica y las Academias nacionales como espacios históricos donde fluye el pensamiento creativo, crítico y aleccionador, donde converge el debate de las ideas y se produce la síntesis de aquellas que convocan a la unión y bienestar de los venezolanos.

Otra variable económica que ha actuado de forma impactante contra las instituciones académicas es el paupérrimo salario que devengan profesores, empleados y obreros. Por supuesto, nada diferente a lo que ocurre en el contexto nacional y que es reflejo de la inmensa caída de 80 % del PIB desde el 2014. Este salario, la carencia de protección social y la falta de recursos económicos para desempeñar sus tareas han sido las razones principales de la renuncia a sus cargos y el abandono del país de un porcentaje significativamente alto de profesores e investigadores, así como también del resto de trabajadores. A esto se suma el bajo monto de las becas para estudiantes, quienes han tenido que emigrar en busca de lugares apropiados para su formación.

La política desarrollada frente a las instituciones científicas, tecnológicas y humanísticas ha actuado dramáticamente en contra de la estabilidad social y del progreso económico del país. Las sociedades educadas y con elevados conocimientos científicos y humanísticos son el soporte fundamental del avance de las naciones y de la humanidad. Una vez más, las Academias hacen un llamado a las autoridades nacionales para que revisen y reconduzcan las políticas que tanto daño han causado a todas las instituciones del conocimiento. Este exhorto es un justo llamado a tomar conciencia de la irrefutable contribución de estas instituciones a la constitución de una sociedad dotada de medios intelectuales para superar las trabas al desarrollo y bienestar de la nación.

En Caracas, a los 02 días del mes de febrero de 2022.

Dr. Horacio Biord Castillo
Presidente de la Academia Venezolana de la Lengua

Dr. Ismardo Bonalde
Presidente de la Academia de Ciencias Físicas, Matemáticas y Naturales

Ing. Eduardo Buroz
Presidente de la Academia Nacional de la Ingeniería y el Hábitat

Dra. Carole Leal Curiel
Directora de la Academia Nacional de la Historia

Dra. Sary Levy Carciente
Presidenta de la Academia Nacional de Ciencias Económicas

Dr. Enrique López Loyo
Presidente de la Academia Nacional de Medicina

Dr. Julio Rodríguez Berrizbeitia
Presidente de la Academia de Ciencias Políticas y Sociales

# OCTAVA PARTE
# RESISTENCIA CONSTITUCIONAL Y TRANSICIÓN POLÍTICA

# NOVENA PARTE
# PRONUNCIAMIENTOS
# DE ACADEMIAS EXTRANJERAS
# Y SOBRE ASUNTOS INTERNACIONALES

XLIX. **PRONUNCIAMIENTO DE LAS ACADEMIAS VENEZOLANAS EN SOLIDARIDAD CON EL PUEBLO UCRANIANO** (Se expresa solidaridad con el pueblo ucraniano ante la agresión de Rusia. Condenan la violación del derecho internacional y los principios de paz.). 28.02.2022.

Los acontecimientos del 24 de febrero del 2022 han estremecido a todos los promotores de la paz y la convivencia pacífica, a los defensores del derecho a la vida y a los impulsores de los principios universales del Derecho Internacional, violentados con la agresión de Rusia, presidida por Vladimir Putin, contra Ucrania.

Desde ese día, los medios de comunicación y las redes sociales han informado sobre pérdidas de vidas humanas –tanto civiles como militares-, el inicio de un masivo éxodo ucraniano con comunidades de refugiados, víctimas iniciales de esta trágica situación. También se han producido importantes pérdidas materiales e impactos económicos, cuando comenzaban a reiniciarse las actividades productivas tras el período de restricciones mundiales debido a la pandemia.

Estos sucesos son responsabilidad de un país que, junto a Estados Unidos, Gran Bretaña, Francia y China, fue uno de los promotores del nacimiento de las Naciones Unidas en 1945, iniciativa surgida en rechazo a acciones similares que iniciaron la Segunda Guerra Mundial y produjeron el genocidio perpetrado en Europa como consecuencia de la megalomanía criminal de Hitler y el nazismo. Esto no puede pasar inadvertido, ni sin la debida reflexión y reacción.

La invasión rusa a Ucrania afecta inicialmente en forma directa a los ciudadanos de Ucrania y Rusia, pero bien puede desembocar en una crisis global cuyo impacto es difícil de cuantificar en estos momentos. Debilita el orden internacional y puede desencadenar acciones bélicas no convencionales que conduzcan a otra conflagración global.

No podemos permanecer impávidos ni aceptar respuestas parciales ni acomodaticias. Recibimos con desavenencia la postura asumida por el gobierno venezolano, asociándose en apoyo a estos actos de fuerza que rompen con la postura histórica de nuestro país en rechazo a los actos de agresión, y manifestamos nuestra preocupación sobre las consecuencias que ello puede generar.

Nuestra conciencia nos obliga a pronunciarnos en defensa de la paz, la convivencia humana y la dignidad inviolable de cada persona, antes y más allá de toda pertenencia, siguiendo los más elevados principios y valores humanos, democráticos y republicanos característicos del gentilicio venezolano. Vale la ocasión para destacar y apoyar las manifestaciones de intelectuales y académicos rusos en contra de la invasión. Por todo ello, manifestamos nuestra solidaridad con el pueblo ucraniano y hacemos votos por la restitución de la paz y la convivencia pacífica con justicia y libertad.

En Caracas a los 28 días del mes de febrero de 2022.

Dr. Horacio Biord Castillo
Presidente de la Academia Venezolana de la Lengua

Dra. Carole Leal Curiel
Directora de la Academia Nacional de la Historia

Dr. Enrique López Loyo
Presidente de la Academia Nacional de Medicina

Dr. Julio Rodríguez Berrizbeitia
Presidente de la Academia de Ciencias Políticas y Sociales

Dr. Ismardo Bonalde
Presidente de la Academia de Ciencias Físicas, Matemáticas y Naturales

Dra. Sary Levy-Carciente
Presidente de la Academia Nacional de Ciencias Económicas

Ing. Eduardo Buroz
Presidente de la Academia Nacional de la Ingeniería y el Hábitat

L. **PRONUNCIAMIENTO SOBRE LA RESPONSABILIDAD INTERNACIONAL DE LA FEDERACIÓN DE RUSIA Y SU VIOLACIÓN FLAGRANTE DE LOS DERECHOS HUMANOS Y DEL DERECHO INTERNACIONAL HUMANITARIO EN EL CONFLICTO BÉLICO CONTRA UCRANIA** (Se denuncia la responsabilidad internacional de la Federación de Rusia por la invasión armada a Ucrania, violando el derecho internacional y los derechos humanos.). 23.03.2022.

La Academia de Ciencias Políticas y Sociales de Venezuela, en cumplimiento de los fines que le asigna su ley de creación, considera un compromiso ineludible destacar la responsabilidad internacional de la Federación de Rusia ante la invasión armada al Estado de Ucrania, así como la fragrante violación del derecho internacional, de los derechos humanos y del derecho internacional humanitario por esta acción.

La responsabilidad internacional de la Federación de Rusia, con la escalada de operaciones militares, deriva de una negación de los derechos humanos en todos los ámbitos, como lo señaló el secretario general de la Organización de Naciones Unidas (ONU).

Esta Academia, conjuntamente con las demás Academias venezolanas, manifestó hace algunos días su solidaridad con el pueblo ucraniano afirmando que: "La invasión rusa a Ucrania afecta inicialmente en forma directa a los ciudadanos de Ucrania y Rusia, pero bien puede desembocar en una crisis global cuyo impacto es difícil de cuantificar en estos momentos. Debilita el orden internacional y puede desencadenar acciones bélicas no convencionales que conduzcan a otra conflagración global." Igualmente manifestamos que nuestra conciencia nos obliga a pronunciarnos en defensa de la paz.

Conforme a la Carta de la ONU, los Estados Miembros, en sus relaciones internacionales, se abstendrán de recurrir a la amenaza o al uso de la fuerza contra la integridad territorial o la independencia política de cualquier Estado, o en cualquier otra forma incompatible con los propósitos de las Naciones Unidas.

En este sentido, el 1° de marzo de 2022, la Asamblea General de la ONU adoptó una Resolución que contó con 141 votos favorables, a través de la cual reafirmó su compromiso con la soberanía e independencia política de Ucrania, y exigió a la Federación de Rusia que: (i) ponga fin de inmediato al uso de la fuerza contra Ucrania al calificar como una guerra de agresión a la supuesta "operación militar especial" de la Federación de Rusia, en violación al artículo 2 de la Carta de la ONU; (ii) retire inmediata y absolutamente todas sus fuerzas militares del territorio ucraniano; iii) revoque de inmediato y sin condiciones el reconocimiento que hizo la Federación de Rusia de las regiones separatistas de Donetsk y Luhansk el 21 de febrero de 2022, por tratarse de una violación de la integridad territorial y de la soberanía de Ucrania; (iv) respete los acuerdos de Minsk y los principios establecidos en la Carta de la ONU; y (v) Deplora la participación 2 de Bielorrusia en el uso ilícito de la fuerza contra Ucrania y exhorta al país a que cumpla sus obligaciones internacionales.

De igual forma, tres días más tarde, el Consejo de Derechos Humanos de las Naciones Unidas aprobó con 32 votos a favor, una Resolución a través de la cual los Estados decidieron: (i) condenar las violaciones de los derechos humanos y los abusos del derecho internacional humanitario resultantes de la ofensiva rusa; y (ii) crear una Comisión de Investigación Internacional Independiente, cuyo mandato consiste en investigar todas las violaciones de derechos humanos cometidas en el transcurso a la agresión de la Federación de Rusia contra Ucrania. No obstante, el Gobierno de Venezuela, a través del régimen de Nicolás Maduro, manifestó su decisión de abstenerse en la referida votación para la adopción de dicha Resolución.

En el debate previo a la votación, la Alta Comisionada para los Derechos Humanos, Michelle Bachelet, expresó su condena a la Federación de Rusia por atacar objetivos civiles, incluidos escuelas, hospitales y zonas residenciales. Al respecto, resulta fundamental establecer que dichas actuaciones configuran violaciones al Convenio de Ginebra relativo a la protección debida a las personas civiles en tiempo de guerra y al Protocolo I Adicional a los Convenios de Ginebra de 1949 relativo a la protección de las víctimas de los conflictos armados internacionales, los cuales prohíben de manera expresa que los hospitales civiles y los bienes de carácter civil, incluidas zonas residenciales y escuelas, sean objeto de ataques y represalias, toda vez que la población civil debe gozar bajo toda circunstancia de protección contra los peligros que se desprenden de las operaciones militares en casos de conflictos armados.

Finalmente, estas deplorables acciones militares violatorias del derecho internacional por parte de la Federación de Rusia con su invasión militar a Ucrania, desencadenaron además, en que: (i) el Comité de Ministros del Consejo de Europa suspendiera a la Federación de Rusia de sus derechos de representación, con efecto inmediato en fecha 25 de febrero de 2022, y luego, el 15 de marzo, la Asamblea Parlamentaria del Consejo votara a favor de la salida de la Federación de Rusia de la organización, siendo que, previamente, el Ministerio de Asuntos Exteriores de la Federación de Rusia había notificado a la secretaria general del Consejo de Europa la voluntad de retirarse de la organización; y (ii) la Fiscalía de la Corte Penal Internacional procediera a abrir una investigación sobre la situación en Ucrania, sobre la base de que existen convicciones razonables para evaluar la comisión de presuntos crímenes de guerra y de lesa humanidad en Ucrania por la invasión rusa.

La Corte Internacional de Justicia -principal órgano judicial de las Naciones Unidas establecido por la Carta de las Naciones Unidas en junio de 1945- en la orden de fecha 16 de marzo de 2022, en el caso relativo a las alegaciones de genocidio en virtud de la Convención para la Prevención y la Sanción del Delito de Genocidio (conflicto Rusia vs. Ucrania), dictó tres medidas provisionales que incluyen: i) La Federación de Rusia suspenderá inmediatamente las operaciones militares que inició el 24 de febrero de 2022 en el territorio de Ucrania; ii) La Federación de Rusia se asegurará de que las unidades armadas militares o irregulares que puedan ser dirigidas o apoyadas por ella, así como las organizaciones y personas que puedan estar sujetas a su control o dirección, no tomen medidas para promover las operaciones militares mencionadas en punto (i) anterior; y iii) 3 Ambas Partes (Rusia y Ucrania) se abstendrán de cualquier acción que pueda agravar o extender la controversia ante la Corte o hacerla más difícil de resolver.

Los criterios jurídicos citados, adoptados por los órganos competentes bajo el derecho internacional, obligan a la Academia de Ciencias Políticas y Sociales a alertar sobre la obligación en que se encuentra el Estado venezolano de cumplir las reglas de derecho internacional público y de la Constitución de la República para comportarse como un Estado que consolida el valor de la libertad, la integridad territorial y, particularmente, la paz. Por lo cual toda decisión que apoye a un

Estado transgresor del derecho internacional, como es el caso de la Federación de Rusia, desdice de la obligación de Venezuela de defender el valor de la paz como doctrina de Simón Bolívar, consagrada en el artículo 1 de la Constitución de la República.

Por tanto, las declaraciones de apoyo o de abstención de cualquier naturaleza, incluidas las públicas o en instancias internacionales, referidas a la guerra de la Federación de Rusia contra Ucrania, se encuentran en abierta contradicción con la Constitución y los compromisos internacionales de Venezuela. El artículo 152 de la Constitución expresamente obliga a que las relaciones internacionales de la República de Venezuela se rijan por los principios de igualdad entre los Estados, no intervención en sus asuntos internos, solución pacífica de los conflictos internacionales, respeto a los derechos humanos y solidaridad entre los pueblos en la lucha por su emancipación.

Por todo ello, esta Academia de Ciencias Políticas y Sociales de Venezuela manifiesta su condena a la invasión militar de la Federación de Rusia en Ucrania, su solidaridad con el pueblo y el Estado Ucraniano, y hace votos por la restitución de la paz y la convivencia pacífica con justicia y libertad, en respeto al derecho internacional.

En Caracas a los veintitrés (23) días del mes de marzo de 2022.

| Julio Rodríguez Berrizbeitia<br>Presidente | Cecilia Sosa Gómez<br>Secretario |
|---|---|

LI. **DECLARACIÓN CONJUNTA DE LAS ACADEMIAS NACIONALES DE CIENCIAS JURÍDICAS, POLÍTICAS Y SOCIALES DE AMÉRICA IBÉRICA SOBRE LA AGRESIÓN DE LA FEDERACIÓN RUSA A UCRANIA (MARZO, 2022)** (Condenan enfáticamente la invasión rusa a Ucrania y las amenazas a otros Estados soberanos, defendiendo relaciones pacíficas como paradigma del siglo XXI. La comunidad académica hace un llamamiento a cesar hostilidades, reconducir tensiones diplomáticamente y respetar el ius cogens). 29.03.2022.

Las Academias Nacionales de Ciencias Jurídicas, Políticas y Sociales de América Ibérica ratifican su profunda devoción por el Estado de Derecho y reclaman de los distintos Estados una conducta que, en cualquier caso, privilegie el derecho sobre la fuerza. La experiencia histórica acumulada impone a los diversos pueblos del planeta un comportamiento acorde al derecho internacional y conforme al derecho internacional humanitario, lo cual exige tramitar sus legítimas diferencias a base de una relación civilizada.

En desarrollo de esas premisas las Academias Nacionales de Ciencias Jurídicas, Políticas y Sociales de América Ibérica formulan la presente Declaración, a propósito de los malhadados sucesos ocurridos como consecuencia de la agresión bélica suscitada por la Federación Rusa contra Ucrania, que amenaza la tranquilidad universal como ningún otro suceso, en los últimos 75 años. Por ello:

1. Las Academias Nacionales de Ciencias Jurídicas, Políticas y Sociales de América Ibérica reiteran su enfática condena a la invasión ordenada por el gobierno de la Federación Rusa a la República de Ucrania, así como las amenazas que se están produciendo a otros Estados soberanos del mundo. Las relaciones pacíficas, incluso fraternas, entre los pueblos del planeta deben constituir el paradigma fundamental del siglo xxi. Es preciso mantener la confianza en las instituciones internacionales o, si se quiere, reformarlas a través del derecho, única vía que garantiza una auténtica convivencia universal.
2. Después de la última guerra europea, el derecho diseñó un orden internacional que, a pesar de los enfrentamientos de carácter internacional o regional que se produjeron, mantuvo los necesarios equilibrios políticos. El siglo xxi se anunció como un horizonte esperanzador, pero se ha desdibujado por completo. Hoy existen más perspectivas de guerra que de paz.
3. Ante ello, la única respuesta posible a semejante problemática se encuentra en la fortaleza jurídica y moral de instituciones que deben estar conectadas a la realidad misma, a fin de que no se vuelvan inanes, siendo la política y el derecho los instrumentos adecuados para alcanzar dichos logros duraderos para los hombres y los pueblos. Mediante la política y el derecho, se establecen los diálogos en procura de consensos. En el pasado la guerra era una forma de hacer política por otros medios. Hoy la política y el derecho son los sustitutos de la guerra.

En función de lo antes dicho, la comunidad académica de América Ibérica hace un llamamiento a que exista un cese de hostilidades, se reconduzcan las tensiones por la vía diplomática y las previsiones del *ius cogens,* concorde al recto entendimiento de la razón.

Se firma esta Declaración simultáneamente en Córdoba (Argentina), La Paz (Bolivia), Río de Janeiro (Brasil), Santiago (Chile), Bogotá (Colombia), México (México), Managua (Nicaragua), Asunción (Paraguay), Montevideo (Uruguay), Caracas (Venezuela) a los 29 días del mes de marzo de 2022.

Academia Nacional de Derecho y Ciencias Sociales de Córdoba (Argentina)
Academia Nacional de Ciencias Jurídicas de Bolivia
Academia de Letras Jurídicas de Brasil
Academia de Ciencias Sociales, Políticas y Morales del Instituto de Chile
Academia Colombiana de Jurisprudencia
Academia Mexicana de Legislación y Jurisprudencia
Academia Nicaragüense de Legislación y Jurisprudencia
Academia Paraguaya de Derecho
Academia Nacional de Derecho de Uruguay
Academia de Ciencias Políticas y Sociales de Venezuela

## LII. **PRONUNCIAMIENTO SOBRE LA NECESIDAD E IMPORTANCIA DE INCLUIR AL ESPAÑOL COMO IDIOMA OFICIAL DE LA CORTE INTERNACIONAL DE JUSTICIA DE LA HAYA** (Se destaca la necesidad e importancia de incluir el español como idioma oficial de la Corte Internacional de Justicia, dada su condición de lengua global con más de 600 millones de hablantes.). 04.05.2023.

La Academia de Ciencias Políticas y Sociales, en cumplimiento de sus funciones legales y reglamentarias, considera que es su responsabilidad hacer un llamado público al país, a la comunidad internacional y a la Corte Internacional de Justicia de la Haya (CIJ) sobre la necesidad e importancia de incluir al español como idioma oficial de esa Corte Internacional.

A continuación, se expresan los fundamentos de este llamamiento:

La Corte Internacional de Justicia, forma parte integral de la Carta de las Naciones Unidas (ONU) suscrita el 26 de junio de 1945 en la ciudad de San Francisco, Estado Unidos de América, al terminar la Conferencia de las Naciones Unidas sobre Organización Internacional, la cual entró en vigor el 24 de octubre del mismo año.

Conforme al artículo 39 del Estatuto de la Corte Internacional de Justicia, los idiomas oficiales de trabajo en dicha instancia internacional son el inglés y el francés.

Transcurridos ya más de setenta años, las circunstancias y el entorno que llevaron a tomar esta decisión han variado sustancialmente en el mundo. El español es reconocido hoy como una lengua global, con más de 600 millones de hispanohablantes. Es la segunda lengua más utilizada en el mundo por hablantes nativos tras el chino mandarín y la tercera tras el inglés y chino mandarín como lengua extranjera. Es también la tercera lengua a nivel mundial utilizada en internet. Además, conforme al artículo 111 de la Carta de las Naciones Unidas, es una de las lenguas oficiales y goza de este carácter en 23 de los 30 organismos del sistema de la Organización de Naciones Unidas.

Actualmente, aproximadamente un tercio de los casos que se ventilan ante la Corte Internacional de Justicia, tienen conexión con estados hispanoparlantes (en numerosas ocasiones, coinciden litigantes de estos estados). Por ello, la adopción del idioma español como lengua oficial ante dicha instancia judicial internacional se justifica plenamente, ya que permitiría a los países hispanohablantes litigar en su propia lengua. Esta adopción, además de facilitar la comprensión de los respectivos alegatos, pruebas y memoriales, permitiría una reducción importante de costos, tanto en asesoramiento como en representación judicial y traducción.

Por estos motivos, la Academia acuerda:

1. Hacer un llamamiento al Ejecutivo Nacional, a la Organización de Naciones Unidas y a los países de la comunidad internacional que han ratificado el Estatuto de la Corte Internacional de Justicia, para que apoyen

la adopción del idioma español como lengua oficial de trabajo en la Corte Internacional de Justicia.

2. En especial, solicitar a la Corte Internacional de Justicia que formule una petición en este sentido al Secretario General de la Organización de Naciones Unidas, ejerciendo para ello la prerrogativa que le confiere el artículo 70 del Estatuto que la rige.

3. Hacer público el presente pronunciamiento.

En el Palacio de las Academias, a los 4 días del mes de mayo de 2023.

El Presidente,
Luciano Lupini Bianchi

El Secretario,
Gerardo Fernández Villegas

# DECIMA PARTE
# PRONUNCIAMIENTO DE JÚBILO

LIII. **ACUERDO INTERACADEMICO DE JÚBILO, DE LAS ACADEMIAS VENEZOLANA DE LA LENGUA, NACIONAL DE LA HISTORIA, NACIONAL DE MEDICINA, CIENCIAS POLITICAS Y SOCIALES, CIENCIAS FÍSICAS, MATEMÁTICAS Y NATURALES, NACIONAL DE CIENCIAS ECONÓMICAS Y NACIONAL DE LA INGENIERÍA Y EL HÁBITAT CON MOTIVO DE LA BEATIFICACIÓN DEL DR. JOSÉ GREGORIO HERNÁNDEZ** (Se celebra con júbilo la beatificación del Dr. José Gregorio Hernández. Se destacan sus valores como referente moral e intelectual, su legado como médico, docente e investigador ejemplar y su importancia para Venezuela.). 19.06.2020.

**Considerando,**

Que el Sumo Pontífice Francisco, en fecha 19 de junio de 2020, promulgó el Decreto de Beatificación del Dr. José Gregorio Hernández, en virtud del cual la Iglesia Católica le reconoce la gloria del cielo, siendo digno de culto gracias a las virtudes que este poseía y se proclama que el beato ha llevado una vida virtuosa y santa, paso previo y decisivo en el proceso para su declaratoria de santidad.

**Considerando,**

Que el Beato Dr. José Gregorio Hernández fue Individuo de Número fundador de la Academia de la Medicina, ocupando el Sillón XXVIII en dicha Corporación.

**Considerando,**

Que el Beato Académico Dr. José Gregorio Hernández fue un dedicado docente e investigador, egresado de la Universidad Central de Venezuela, donde se graduó con honores y creó el primer laboratorio científico de Venezuela y el primer laboratorio de fisiología experimental de Caracas; especialista en microbiología, fisiología experimental, histología, bacteriología y microscopía siendo considerado el impulsor y pionero de la docencia científica.

**Considerando,**

Que el Beato Académico Dr. José Gregorio Hernández puso al servicio de los más necesitados, con profesionalismo, dedicación y amor, su conocimiento médico y su 2 amplio conocimiento en las artes y los idiomas, dedicando su vida y su profesión para dar vida a los otros, siendo un ejemplo de esfuerzo y servicio.

**Considerando,**

Que la beatificación del Dr. José Gregorio Hernández tiene una gran relevancia y significado para la Iglesia Católica, los ciudadanos venezolanos y las Academias Nacionales, por tratarse de un reconocimiento explícito a los valores y virtudes de un ciudadano ejemplar, modelo para la Venezuela del presente y de futuro, todos los cuales estamos llenos de gozo.

**Acuerda:**

**Primero:** Manifestar su júbilo por la beatificación del Académico Dr. José Gregorio Hernández, quien esreferencia espiritual, moral e intelectual para las Academias y el país, cumpliendo una importante labor que nos enaltece y de la cual nos sentimos orgullosos.

**Segundo:** Hacerle entrega de este Acuerdo de Júbilo a la Iglesia Católica, por intermedio de su Eminencia Baltazar Cardenal Porras, Administrador Apostólico de la Arquidiócesis de Caracas, en próxima Sesión Conjunta de las Academias, en el Paraninfo del Palacio de las Academias y hacer público el mismo.

En el Palacio de las Academias, a los 19 días del mes de junio de 2020.

Dr. Horacio Biord Castillo
**Presidente de la Academia Venezolana de la Lengua**

Dra. Carole Leal Curiel
**Directora de la Academia Nacional de la Historia**

Dr. Leopoldo Briceño-Iragorry Calcaño
**Presidente de la Academia Nacional de Medicina**

Dr. Humberto Romero Muci
**Presidente de la Academia de Ciencias Políticas y Sociales**

Dra. Mireya R. Goldwasser
**Presidenta de la Academia de Ciencias Físicas, Matemáticas y Naturales**

Dr. Luis Mata Molleja
**Presidente de las Academia Nacional de Ciencias Económicas**
Ing. Eduardo Buróz
**Presidente de la Academia Nacional de la Ingeniería y el Habitat**

# PRONUNCIAMIENTOS 2019-2024
# TOMO III

## ÍNDICE CRONOLÓGICO

# INDICE TEMÁTICO

## PRIMERA PARTE
## DERECHOS HUMANOS

## SEGUNDA PARTE
## VIOLACIÓN DEL PRINCIPIO DE SEPARACIÓN DE PODERES, CONSTITUCIONALIDAD Y LEGALIDAD

## TERCERA PARTE
## SISTEMA ELECTORAL

## CUARTA PARTE
## FINANZAS Y PATRIMONIO PÚBLICO

## QUINTA PARTE
## FUERZA ARMADA NACIONAL



## SEXTA PARTE
## PROTECCIÓN DE LA INTEGRIDAD TERRITORIAL DE LA REPUBLICA Y LA PROTECCIÓN DEL AMBIENTE

## SEPTIMA PARTE
## VIOLACIÓN DE LA AUTONOMÍA UNIVERSITARIA

## OCTAVA PARTE
## RESISTENCIA CONSTITUCIONAL Y TRANSICIÓN POLÍTICA

## NOVENA PARTE
## PRONUNCIAMIENTOS DE ACADEMIAS EXTRANJERAS Y SOBRE ASUNTOS INTERNACIONALES

## DECIMA PARTE
## PRONUNCIAMIENTO DE JÚBILO

# ÍNDICE ANALÍTICO

## A

## D

    - Integridad personal (no agresión, no tortura, no tratos crueles):
        - Agresión por Guardia Nacional (Caso Eva Sofía Leal): (24.06.2020)
        - Violaciones post-electorales 2024 (detenidos): (13.01.2025), (15.01.2025)
    - Derecho a no sufrir desapariciones forzadas: (13.01.2025), (15.01.2025)
    - Derecho a no sufrir persecución política:
        - A través de Ley contra Fascismo: (07.05.2024)
        - Post-elecciones 2024: (23.10.2024 (x2))
- *Derechos Políticos y Democráticos:*
    - Participación política:
        - Afectada por Proyecto Ley contra Fascismo (reducción espacio cívico): (07.05.2024)
        - Importancia de transparencia electoral: (31.07.2024)
    - Soberanía popular y Democracia como principios: (13.01.2025), (15.01.2025)
    - Derecho al sufragio (universal, directo, secreto): (11.08.2020), (06.08.2024)
- *Garantías Judiciales y Debido Proceso:*
    - Principio de legalidad (Violado por RUSO): (20.05.2021)
    - Debido proceso: (19.04.2021), (28.01.2022), (23.10.2024 (x2)), (26.08.2024), (13.01.2025), (15.01.2025)
    - Derecho a la defensa: (19.04.2021), (24.06.2020)
    - Derecho a la justicia y acceso a la justicia (Caso Brewer-Carías): (17.12.2021)
    - Independencia judicial:
        - Justicia internacional como garantía alternativa: (17.12.2021)
        - Afectada por nombramiento de magistrados: (28.01.2022)
    - Derecho a la eficacia de tratados internacionales de DDHH: (06.08.2019)
- *Derechos Sociales, Económicos y Culturales (DESC):*
    - Derecho a la salud pública (Afectado por minería ilegal): (20.07.2020)
    - Derecho a la vacunación (COVID-19): (13.04.2021), (23.04.2021)
    - Derecho a un medio ambiente sano (Afectado por minería ilegal): (20.07.2020)
    - Derecho a la propiedad (en contexto de bienes públicos, Ley Antibloqueo): (21.10.2020)
    - Derecho a la educación (implícito en defensa autonomía universitaria): (29.08.2019)
    - Derecho a la investigación científica (sin control inconstitucional): (30.04.2020)

## E

## F



## G



## H



## I

## J



## L

## M



## O



## P

## R



## S

## X

DOCTRINA ACADÉMICA INSTITUCIONAL

Instrumento de reinstitucionalización democrática

www.ingramcontent.com/pod-product-compliance
Lightning Source LLC
LaVergne TN
LVHW040432051026
849517LV00002B/572
* 9 7 9 8 8 9 6 9 2 5 2 4 8 *